নির্বাচিত কাব্য সংকলন

প্রথম সংখ্যা

জানুয়ারী- ২০২২

সম্পাদনা - গোপাল পাত্র

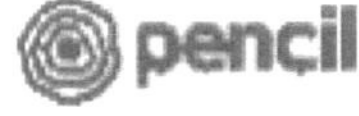

নির্বাচিত কাব্য সংকলন

ISBN 978-93-5610-027-5

© Editing- Gopal Patra 2022

Published in India 2022 by PencilContributors:

Editor: Gopal Patra

A brand of One Point Six Technologies Pvt. Ltd.

123, Building J2, Shram Seva Premises,

Wadala Truck Terminal, Wadala (E)

Mumbai 400037, Maharashtra, INDIA

E connect@thepencilapp.com

W www.thepencilapp.com

উৎসর্গ:- সমস্ত নবীন প্রজন্মের কবি/লেখকদের সমর্পিত করা হলো...

সমস্ত রকম এডিটিং পি'ডি,এফ পেজ পি'ডি,এফ ফাইল মেকার ...

স্ব-বাক প্রকাশনী

E-mail- bananipatra200@gmail.com

Phone no -9143098660

আমার কথা ...

বিশেষ জানুয়ারি সংখ্যার জন্য অজস্র অজস্র লেখার মধ্যথেকে বিশেষ কিছু লেখা চয়ন করে নির্বাচিত কাব্য সংকলন স্থান দেওয়া হয়েছে...

এপার ওপার বাংলা তথা ভারতক ও বাংলাদেশের কবি/লেখকের ১টি করে লেখ ৭৪ জন কবির লেখা একত্রিত করে - একটি যৌথ সংকলন কাশিত করা হলো - প্রসঙ্গত একক কাব্য সংকলনের থেকে যৌথ কাব্য সংকলনের মহিমা বা মাধুর্য একদমই আলাদা ...

কেননা সমাজের বিভিন্ন স্তর থেকে ভিন্ন ক্ষেত্র থেকে এক - একজন কবির এক- একরকম জীবন যাপন - এক একরকম মেধা ও মনন !

বিভিন্ন আঙ্গিকে থেকে বিভিন্ন জীবনযাপনের বাস্তবিক বাস্তবিক বা কাল্পনিক বোধ থেকে ভিন্ন ভিন্ন ভাবে তাঁদের মনের আনন্দ - আবেগ সুখ-দুঃখ, আবেগ - ভালোলাগা - ভালোবাসা, তিক্ত অভিজ্ঞতা কিংবা ঘৃণা - অবজ্ঞা অথবা প্রতিবাদের ভিন্ন ভিন্ন সুর সৃষ্টি করেছেন নিজেদের লেখার মধ্য দিয়ে !

তাই এই যৌথ সংকলনে স্থান-কাল-পাত্র জাতি - ধর্ম নির্বিশেষে এক বৃহৎ মানব-বন্ধন রচিত হয়েছে- সমস্ত ভাবনা মিলেমিশে একাকার হয়ে গেছে - এটা বলার অপেক্ষা রাখে না ....

সুধী সকল পাঠক/ পাঠিকার কাছে অনুরোধ আপনারা সংকলন টি সংগ্রহ করুন নিজে পড়ুন এবং অপরকে পড়ান ...

অবশ্যই ভালো লাগবেই -এটা কথা দিতে পারি !

গোপাল পাত্র

(সম্পাদক যৌথ সংকলন)

নির্বাচিত কবিগণ ও তাদের লেখা

১) মেহেদী - দিলীপ চক্রবর্ত্তী

২) হাড়ে হাড়ে-পুলক বেরা

৩) উমা আসছে-অরূপ গুহ

৪) বিবিধ চিত্র-

পরেশ চন্দ্র সরকার

৫) সুখদিয়া শারদীয়া -

রাফিয়া সুলতানা

৬) তালিবানের জেহাদ-

বিকাশ চন্দ্র হাওলা

৭) ভালোবাসা -

অভিজিৎ ব্যানার্জী

৮) বদলানোর ধারাটা-

আমিনুল ইসলাম

৯) বুদ্ধিমতী - বিষ্ণুপর্দা বিশ্বাস

৩০) হে শম্ভুনাথ-

 দিব্যেন্দু বিশ্বাস ঝলক

৩১) নিহত সাহিত্য-

সোমনাথ চ্যাটার্জী

৩২) ও নূপুর - গৌতম দাস

৩৩) শ্বশুর বাড়ি জিন্দাবাদ -

 দেবদাস নাথ

৩৪) নতুন করে প্রেমে পরে যাই- এ.জি.অঙ্কিত ঘোষ

৩৫) পরপারের ডাক-

অভিলাষ রাজবংশী

৩৬) খেলা- রমজান মাহমুদ

৩৭) বাধ্য নই- সুমনা মণ্ডল

৩৮) জীবন নিয়ে ছুটে চলা-

পবন কুমার সাহা

৩৯) শিক্ষক পূজা -

নীতা কবি মুখার্জী

৪০)আমি মনের ফেরিওয়ালা

- স্মরজিৎ দত্ত

৬১) আজ কবিতা-চন্দন পাত্র

৬২) রাত জেগে জেগে -

আনন্দ রায়

৬৩) ভোরের পাখি-

সঞ্জীব চক্রবর্তী

৬৪) লেখা হল না-

বন মালী নন্দী

৬৫) শরতের লুকোচুরি-

দেবাশিস বসু

৬৬)পবিত্র প্রসাদ গুহ-

আমি সে ই বাবা

৬৭) বয়স-নাজমুল ইস লাম রাজু

৬৮) একটি চারা গাছ -

সুপর্ণা বসু দে

৬৯) প্রকৃতি সেজে উঠেছে -

নমিতা আচার্য্য

৭০)সন্ধ্যা - মৃন্ময় ভান্ডারী

মেহেদী

দিলীপ চক্রবর্তী

আমার প্রিয়ার প্রত্যেকটা পাপড়ি,পরাগগন্ধ

আর রঙ গোলাপি সাদা বা কিছু নীল

আমি খুলে দেখতে চাই পরতে পরতে,

মেহমান পাখীকে এক আরব্য রজনীতে।

আমার স্নায়ু স্পন্দিত ব্যাবিলনের শূণ্য উদ্যানে

তোমার সাথে মিশে গেছে ললিত হাওয়ায়

ফেলে দিয়ে রঙিন মিথ্যে সব বেশভূষা

পরীর সুখ সুর ফুল মুখর বুনেছি ঢলে ঢলে!

হাড়ে হাড়ে

পুলক বেরা

আমার মনের ওপর আর নেই কন্ট্রোল,

তাই লিখি আমি যেমনটা আসে ফ্লো,

মাঝে মধ্যে অবশ্যই খাই এগরোল,

তাই কি লেখায় চলে আসে নানা গোঁ?

গতকালকে মৃত্যু নিয়ে যা লিখলাম,

আন্তর্জাতিক ঘটনায় চোখ রেখে,

গুলি, বোমা ও রকেটহানা যা দেখলাম,

জীবনটা মনে হলো যাবে এবার সেঁকে!

মনে হলো মাথা আমার পুরো গোলমেলে,

গোলগাপ্পি খেয়ে খেয়ে নেশা ধরে গেছে!

সুপার পাওয়ার এইভাবে আজ চলে গেলে,

কার ভালো হবে আর কারা খাবে নেচে নেচে?

মুখে এক মনে আর, নিয়েই যে রাজনীতি,

ঝাল বেশী খাওয়া হয়ে গেল ফল কেমন হয়?

এসবই যদি হবে শেষে, ভয়ে পলায়তি!

বেশী দেরী নেই হবে সবার কিন্তু পরাজয়।

মধ্য যুগের ছায়া নেমে সাড়ে সর্বোনাশ,

গণতন্ত্রের প্রহসন শুরু হলো বলে!

গুনতে হবে কেবল লাশের পরে লাশ,

যারা বোঝে তারা ঠিক বোঝে তাই যায় চলে।

আমার আর কি, ম্যানমেড কারা যেন বলে?

দেখা যাক ভালো মন্দ কি হয় এরপরে?

মনটাই যদি আমার না থাকে কন্ট্রোলে,

যাই লিখি তা পাবে কি ক্ষমা বারে বারে?

এবার কিন্তু বুঝতে হবেই হাড়ে হাড়ে!

উমা আসছে

অরূপ গুহ

মেঘমুক্ত সুনীল আকাশ

টুকরো টুকরো কিছু সাদা কালো মেঘ

স্মৃতিটুকু ধরে আছে বরষা বিদায়ে

ঐ দেখো পূব আকাশে গেরুয়া রোদের ঢেউ।

ছেঁড়া সাদা মেঘপুঞ্জ রাশিকৃত তুলার মেঘাবরন

দুদিন পরেই কাশ ফুটবে বনে

ঘাসের ডগায় শিশির পড়বে ঝরে যেন মুক্তদানা

শিউলি ফুটবে শাখায় শাখায় ভোরের তারা হয়ে।

বালিকারা দলে দলে গাঁথবে শিউলি মালা

বনফুলেরা সব উঠবে হেসে

উমার গলায় পড়াবে গাঁথা মালা

সেই ভোরে যখন শঙ্খ উঠবে বেজে।

নব নব সাঁজে গাঁয়ের বধূঁরা সব

পূজার ডালি হাতে যাবে মন্ডপে মন্ডপে

কেউ বা গাঁথবে শিউলি ফুলের মালা

কেউ বা পড়াবে মালা উমার গলে।

ঢাকের বোলে উঠবে মেতে ভুবন

আসবে উমা আর কিছুদিন পর

মঞ্চসয্যায় মেঘেরা উঠেছে মেতে

সাদা কাশবনে কাশের নিমন্ত্রন।

নীলাম্বর মেঘপুঞ্জরাশি, ছেড়া সাদা মেঘ আঁকে আল্পনা

ধানের শিষে শিহরন খেলে যায়

বনফুলরাজি সবুজ মখমলে পেতেছে আসন কুসুমদোলায়

পশু পাখী সব আনন্দে নাচে গায়।

ঐ দেখো চেয়ে চাঁদ উঠেছে গগনে

উমার যাত্রা শুরু হবে বলে সাজ

চাঁদের আলো পড়ছে কোনে কোনে

আঁধার কেটে আলোয় ভেসেছে আজ।

ঐ শোনা যায় ঢাকের আওয়াজ শঙ্খ উলুদ্ধনী

টুপটাপ পড়ে শিউলি খসে রাতের তারাখানি

আকাশ থেকে ঝরছে যেন গন্ধ গায়ে মেখে

স্বর্গীয় আভায় পৃথিবী সেজেছে ভেসেছে তরীখানি।

আসছে উমা তারই আহ্বানে মেতেছে মর্ত্যবাসী

চোখ মেলে দেখি পূব আকাশে উঠেছে ভোরের রবি

যত দুঃখ আছে আছে যন্ত্রনা ভেসে যাক গাঙের জলে

আসছে উমা বছরপর আঁকছে বসে কবি।

বিবিধ চিত্র

পরেশ চন্দ্র সরকার

নিয়তির সীমারেখায় শুয়ে আছে অভুক্ত শেওলা,

নিশানায় জিইয়ে রাখতে জীবনী আবর্তে বেহুলা।

গন্তব্যের ভারকেন্দ্রও হয়তো কোনো 'তথাকথিত',

নিশ্চিত দৃঢ়তার অঙ্গীকার সুরাহা দর্শাতে ব্যথিত।

হেলে না কেউটের খোঁজে প্রহর গুনে উপসংহার,

কেনো উপোসে আঁকে নির্জলা একাদশী সংহার?

আজকাল সবকিছুই স্বাভাবিক স্রোতে কাল্পনিক,

অথচ প্রত্যক্ষ বা পরোক্ষে আধুনিকে পৌরাণিক।

জাহাজির খোঁজে 'আপন' ডুবিয়ে উজান মাস্তুল

বিবিধ চিত্র প্রচলনে নিত্যনতুন উপকথন প্রতুল।

মনন খারাপ আঁকবে উপভোগ ক্যানভাস পাতায়

সোহাগ দ্বারে উপস্থিতি উপুড়-হস্ত দেদার মাথায়?

জোনাকির আলোয় আবাহনী দীপ সুর সুবাসিত

নকল সাজের 'ছবি' দেখে চেনা পরিধি উদ্ভাসিত।

বদ্ধমূল উড্ডয়ন গুঁজে পুনশ্চ সূর্যোদয়ে আগামী

প্রত্যেকেই 'সত্তা' ডুবিয়ে গহিনে ভাসায় অন্তর্যামী।

সুখদিয়া শারদীয়া

রাফিয়া সুলতানা

আঁকাবাঁকা বয়ে চলে গঞ্জের পার-

ধীর পায়ে তির তির নদী নীরধার!

কূলে কূলে কাশফুলে সেজে দুই পাড়,

সুখদিয়া শারদীয়া এসেছে আবার!

তুলো তুলো মেঘগুলো ভাসে সার সার-

নীলিমায় হাসে রবি মেঘছায়ে আড়!

আকাশে আভাসে ফোটে সুখ সমাহার,

ফুরফুরে হাওয়া ছোটে ফুঁড়ে চারিধার!

কচিকচি ধানমুচি দোলে অনিবার,

সবুজের সমারোহে আহা কি বাহার!

মাঠে ঘাটে সৌরভে দেয় সমাচার-

থরে থরে শাখা ভ'রে শেফালিকা তার!

পথে যেতে উন্মনা সুরভিতে যার,

কত স্মৃতি আঁখিপাতে জাগে বারে বার !

তালিবানের জেহাদ

বিকাশ চন্দ্র হাওলাদার

পাহাড়ের মস্তকে জমেছে কালো মেঘ,

মুখে সবাই কুলুপ এঁটেছে

বারংবার বেজে চলেছে রণদামামা

প্রকাশ্য দিবালোকে মৃত্যুর পরোয়ানা।

এ খেলার নাম তালিবানি জেহাদ,

রকেট লঞ্চার, কামান।

জনৈক হুজুরের ডাকে সমবেত

রক্তমুখো বন্দুকের নল, মসজিদ অস্ত্রাগার,

মাদ্রাসা আঁতুড়ঘর, শিশুকে করেছে ঢাল---

মুখে ঈমান- ঈমান -ঈমান আর শান্তির স্লোগান।।

নারীকে দিয়েছে দোজখে স্থান।

কানুন হয়েছে ধর্মীয় অনুশাসন

মুখ বন্ধ করেছে সবাই এখন,

আমিও করেছি আগে।

পড়শী সে দেশের নাম

উচ্চারণে ভীষণ লজ্জা লাগে।

যদি একটিও শব্দ উচ্চারণ করো

মৃত্যু পরোয়ানা নেমে আসবে ঘাড়ে।

তুমি মুসলিম বিদ্বেষী।।

কেন চুপ আছি? মৃত্যু ভয়ে।

তুমি চুপ আছো----কেনো?

হয়তো নিছক ব্যবসাজ্ঞানে।।

ক্ষমা করবেন, আর পারবো না

চুপ থাকতে।

স্বৈরাচারী ধর্মান্ধের অত্যাচারে

কাফের কাঁদে।

ছিন্নভিন্ন শিশুর রক্ত কুকুর চাটে।

করজোড়ে বলি এ ধরায় বাঁচার

অধিকার আছে সবার।

সবাই কেনো চুপচাপ? পরমাণু অস্ত্র ভয়ে?

নাকি নিছক ব্যবসাজ্ঞানে ----

নিরীহ জীবন হবে ছারখার?

ভালোবাসা

অভিজিৎ ব্যানার্জী

ভালোবাসা জানি হয় মনে মনে

ভালো বাসা কভু নয়,

ভালোলাগা থেকে মনের মিলেতে

দুটি প্রাণ এক হয়।

ভালোলাগা রয় চোখের কোণায়

ভালোবাসা থাকে মনে,

ভালো মন নিয়ে দুখ ব্যথা সয়ে

ভালোবাসে দুই-জনে।

পাবার আশায় ভালোবাসা যায়?

নয় সে তো ভালোবাসা,

হৃদয়ের টানে দুটি প্রাণে প্রাণে

নির্জনে কাঁদা-হাসা।

ভালোবাসা হলো মেঘের বৃষ্টি

অযাচিত ঝরে পড়ে,

স্থলে-জলে-বনে তৃষাতুর মনে

প্রাণের প্রতিমা গড়ে।

ভালোবাসা হলো সৌর কিরণ

বাধাহীন ছুটে চলে,

সকল প্রাণেতে শক্তি যোগায়

বেহিসাবী প্রেম বলে।

বদলানোর ধারাটা

আমিনুল ইসলাম

ভেবেছিলাম তোমাকে ভালোবেসে,

এই পৃথিবী থেকে

বদলানোর ধারাটাই পাল্টে দিবো।

যেন কেউ একজনকেই ভালোবাসে,

একজনকেই কাছে ডাকে

একজনকে নিয়েই স্বপ্ন দেখে

শুধু একজনের ছবি ই হৃদয় মাঝে আঁকে

শুধু একজনেরই বসত যেন,

হৃদয় মাঝে থাকে

আমার ভাবনাটা বড় বেশি ভুল।

এটা তো সেই আদিকাল থেকেই চলে আসছে;

সময়ের ব্যবধানে মানুষ বদলায়,

বদলানোই প্রতিটা মানুষের স্বভাব।

এই ধারা বদলানোর সাধ্য নাই কারো

বদলাতেও তুখোর যোগ্যতা লাগে।

যা কোনো মানুষ দ্বারা সম্ভব নয়।

বুদ্ধিমতী

বিষ্ণুপদ বিশ্বাস

'তিলোত্তমার' এক যুবতী

দৌড়ে ওঠে বাসে,

সীট না পেয়ে অপরূপার

মাথায় বুদ্ধি আসে।

ডাইনে বাঁয়ে ভালো করে

দেখল চেয়ে নিজে,

সীটের উপর ছেলেগুলো

যাচ্ছে ঘামে ভিজে!

মাতাল করা শিকরী চোখ

বলির পাঁঠা খোঁজে,

"অ্যাপেডিসাইটিসের ব্যথা

যার হয় সে ই বোঝে!

ঘোর বিপদে বসতে সীটে

যে দেবে আমাকে,

'অপারেশন' কোথায় হ'ল

দেখাব ঠিক তাকে!"

সাথে সাথেই একটা ছেলে

জায়গা ছেড়ে দিল,

"দেখান এবার অপারেশন

কোথায় হয়েছিল!"

হাসপাতালের সম্মুখে সেই

বাসটি গেল থেমে,

"এইখানেই ভাই হয়েছিল"

বলল হেসে নেমে!

চরণ

সঞ্জয় কীর্তনীয়া

চরণ দুটি বুঝতে নাহি পারে
প্রতি কদমে মৃত্যু দূত আছে,
তবও ছুটে চলা বাঁচার স্বপ্নে
কোন কদমে মৃত্যু নিশ্চিত
খোঁজার সময় নেই সংসারে,
সংসার সমুদ্রে ডুবে যে জন
মরে না সে বাঁচে কর্ম মাঝে।

বিরামহীন ধাবমান মহাকাল
ক্ষণকাল ব্যাক্তির সাপেক্ষে,
মহাকাল হরণ করে প্রতিক্ষণ
ক্ষণকালের গর্ব দম্ভ চুর্ণ করে,
তবুও বাঁচার স্বপ্ন জাগে মনে
সংসারের বোঝা আছে কাঁধে
ব্যর্থ হতে চাইনা সংসার ধর্মে।

মৃত্যু ক্ষণ নিশ্চিত জানা সত্ত্বে

মহান যোদ্ধা কুন্তীর পুত্র কর্ণ

নিশ্চুপ বসে থাকেনি কুরুক্ষেত্রে

তাই তিনি মহান যোদ্ধা সমরে,

মরণ তারণ যা কিছুই আসুক

নির্ভীক কর্মোদ্যম আমি প্রাণে

চরণ দুটি চলে তাই সুখ চয়নে।

মায়ায় জড়িয়ে পড়ি

নূপুর আঢ্য

পথেই জীবন পথেই মরণ

চলতে চলতে পথে,

আমরা সবাই চলেছি এগিয়ে

আপন জীবন রথে।

তারই মাঝেই আমরা সবাই

ভাসাই জীবন তরী,

ভাসতে ভাসতে অকূল সাগরে

জীবন রচনা করি।

প্রেমের বাঁধনে কখন কিভাবে

মায়ায় জড়িয়ে পড়ি,

বুঝতে পারি না সব'ই অসার

আরও জড়িয়ে ধরি।

চাওয়া পাওয়া চুক্তি বদ্ধ

প্রেমের নামান্তর,

আসল জীবন প্রভুর চরণ

থাকবে নিরন্তর।

জীবনে মরণে থাকবে অটুট

সেটাই আসল বল,

পিরিত থাকবে অজর অশেষ

পাবেই সঠিক ফল।

সারা পৃথিবী প্যাভলভ

মনোজ কুমার রথ

কুয়াশার ভিতরে শরীর,

একপাশে মন্দির আর অন্যপাশে মসজিদ

মাঝখানে আমি এক স্মৃতিভ্রষ্ট বোবা স্থবির;

ভুলে গেছি কি ঘটে গেছে সুদূর সাম্প্রতিক,

জানি না অতীতের পাতায় লেখা হয়ে গেছে

বেদনার কিই ইতিহাস...

কি এমন সুখপাঠ্য কত মধুর কি কি কাহিনী।

আমি প্যাভলভে বন্দি,

গোগ্রাসে গিলে ফেলি

দীর্ঘ ব্যবধান পরে দিয়ে যাওয়া দয়ার খাবার;

দু'টো ডিম গলায় আটকে মৃত্যু হয়েছে মানুষটার!

কোন অভিসন্ধী ছিল না,

বাঁচতে চেয়েছিল সেও...

ঠিক যেমন তুমি আমি সে!

চারটে কোণ,

মন্দির আর মসজিদ এঁকেছি...

দু'টো বাকি এখনও;

গীর্জা আর গুরুদোয়ারা আঁকতেও তো পারি?

কুয়াশার ভিতরে শুধু একজন নয়,

সারা বিশ্বের শরীর;

শুধু আমার নয়,

এই রকম স্থবিরতা আমজনতার;

প্যাভলভ সারা পৃথিবী !

সম্প্রীতি

সিতাংশু পালিত

মরুভূমির মরীচিকা- যারে যায় না কখনো ছোঁয়া !

পৃথিবীর বুকে আজ যা কিছু ভাবছো তোমার -

তার সৃষ্টির মূলে একমাত্র বিধাতা !

ফিরে যেতে হবে সবকিছু ছেড়ে - যেদিন আসবে ডাক !

আপন জনও সেদিন পর হবে তোমার, থাকবে স্মৃতিটুকু -

 যা বাঁচিয়ে রাখবে তোমাকে, পৃথিবীর বুকে চিরটা কাল।

রক্তের রং লাল, তুমি ভেবে দেখো একবার ?

হাজার খুঁজলেও, পাবেনা কোনদিন-

অন্য রঙের রক্ত !

তবু বিচ্ছেদ, তবু হানাহানি- বিভাজন করেছে আমাদের !

 পারি নাকি আমরা, সব ধর্ম ভুলে- ঐক্যের পথে চলতে ?

তুমি শিখ, তুমি খৃষ্টান, তুমি মুসলিম, অথবা হিন্দু - আমরা
যে সবাই একই রক্তের তৈরি !

জাতের বিদ্বেষে লড়াই করছি , ধ্বংস করছি এই পৃথিবী !

চারিদিকে হাহাকার শুধু রক্তের স্রোত বইছে -

কার মুন্ডচ্ছেদ, কেইবা করছি ? ভেবে কি কেউ দেখছে ?

সৃষ্টিকর্তা সৃষ্টি করেছেন, হাতে দিয়েছেন কিছু সময় !

মানুষরূপে কি রেখে যাবে তুমি-

 সুন্দর পৃথিবীর বুকে, ভেবে দেখেছা কি একটিবার !

যিনি ঈশ্বর, তিনিই আল্লাহ, তিনিই কারুর God.

ধর্মে বিভক্ত আমরা হইছি, করেছি যে তাঁকে পর !

সময় রয়েছে এখনো বন্ধু, হিংসার পথ ছাড়ো !

 মানবতার বন্ধন গড়ে তোলা এবার, পৃথিবী কে রক্ষা
করো !

যা কিছু তোমার ভাবছো তুমি, সঙ্গে যাবেনা কিছুই !

এসেছিলে একা, যেতেও হবে একা- শুধু থেকে যাবে
তোমার কর্মের স্মৃতি টুকুই !

রক্তের রং লাল, তুমি ভেবে দেখো একবার।

খুব ভালো লাগে

কথাবিচিত্রক অসীম

ভালো লাগে, খুব ভালো লাগে,

কিন্তু ভালবাসি না।

শুধু দেখে যেতে চাই,

ছুঁতে চাই না।

অতৃপ্ততার সুখ টুকু,

আমার করে পেতে চাই।

ভালো লাগে, খুব ভালো লাগে,

এমন করেই ভালো লাগুক-

আজন্ম কাল।

সব টুকু পেয়ে গেলে,

মূল্য হীন করে তুলি।

কদরের অভাব এসে,

কানা মাছি খেলে।

প্রয়োজন ছিল যত টুকু,

মিটে গেছে শেষে,

পরিতৃপ্ত হয়েছে তৃষ্ণা।

এমন করে তৃষ্ণা না মিটুক !

ভালো লাগে খুব ভালো লাগে,

চক্ষু ডুবায়ে দেখি সারা ক্ষণ;

মনের সুন্দরে করি আরাধন।

সৎ ইচ্ছা বাসনাতে,

সেবিতে বিনম্র হই, ভক্তি প্রেমে।

বিশ্বাসের মাঝে মিশে বিলীনে,

যোগ্য করি নিজেকে পুণ্য বলে।

ভালো লাগে, ভালবাসি না !

শুধু হারাবার ভয়ে।

নিজেকে ঢেলে যাই,

তব ইচ্ছার প্রনালে।

নিঃশব্দে নিশ্চুপে বসে একা,

ভালো লাগে ভালবাসি না-

দূরে দূর থেকে।।

প্রবাদ বাদ

সন্দীপ পাল

সোজা আঙুলে ঘি উঠবেনা জানি

বাঁকা করলেও ওঠে কি?

যদি না জমে ঘি।

কুকুরের লেজ হয় নাকি সোজা

যতই তারে মার টান,

যতক্ষণ কুকুর পাগলনা হয়।

সিগারেট টানলেই ছোট হবে জানি

আমরা কতটা আহাম্মক

ক্ষতিকর জেনেও তবুও টানি।

মানীর মান নিয়ে করি টানাটানি

তাতে তাঁর যায়না কিছুই

মাঝপথে শুধু হয় হয়রানি।

বিশ্বাসে মিলায় বস্তু তর্কে বহুদূর

তবুও তর্কেই করি বাড়াবাড়ি

বিশ্বাসের সাথে আমাদের আড়ি।

রুকু মাথায় তেল দিইনা কখনো

তেলা মাথায় দিই তেল,

লজ্জায় মাথাহেঁট তবুও দেখি খেল।

সেটা প্রেম ছিলনা ভালোবাসা ছিল

আমিনুল ইসলাম

প্রেম ছিলনা সেটা ভালোবাসা ছিল,

সেটা ছিল গভীরতর শুদ্ধ ভালোবাসা।

আমি তোমাকে বুঝাতে হয়তো ব্যর্থ হয়েছিলাম।

তুমিও কিন্ত,বুঝে নিতে পারতে!

 কখনো মোটেও চেষ্টা করোনি

চেষ্টা করবেই বা কেন বলো?

তুমি তো ভেবেছিলে সেটা প্রেম।

সত্যি আমি প্রেমে মগ্ন ছিলাম না;

প্রেমে আমি মোটেও বিশ্বাসী নই!

তাই আত্মার ভালোবাসাই চেয়েছি,

কি জানি!তুমি প্রেম ভেবেছো হয়তো!

তাই, সুকৌশলে দূরে ঠেলে দিলে,

জানো, আমি সবই বুঝতে পেরেছিলাম।

তোমার বয়ফ্রেন্ড!সত্যি খুব হাসি পায়,

মনে হলে ইচ্ছে মতো হাসতে মন চায়।

শুনেছিলাম!অতিকষ্টে মানুষ কাঁদতে ভুলে যায়;

সত্যি আমিও ভুলেগিয়েছিলাম।

তোমার অভিনয়টা খুব নিখুঁত ছিল।

কেউ হয়তো বুঝতে পারতো না!

কিন্তু,আমি ঠিকই বুঝেছিলাম।

তোমার বয় ফ্রেন্ড তোমাকে সদা

না-কি অবজারভেশন করে,

তোমার এই অভিনয়ের উক্তিটায়

তখন খুবই সন্দেহ হয়েছিল।

জানো,আমি ঠিকই বুঝতে পেরেছিলাম।

এটা আমাকে সরানোর পন্থা হবে হয়তো!

তাই আমিও সরে গেলাম,

চির অচেনাই থাকা হয়তো ভালো।

জানো, এখনো মাঝে মাঝে খুব কষ্ট হয়,

 সত্যিই! তখন সীমাহীন কষ্ট হয়।

তোমার কথা মনে হলেই,

বুকের ভিতর ঘুমন্ত কষ্টগুলো,

 একযোগে জেগে ওঠে হৈচৈ বাঁধিয়ে দেয়,

অশান্ত মনটাকে আরো অশান্তের মহাসাগর বানিয়ে দেয়,

হৃদয়ের কোণায় কোণায়

যন্ত্রণার অসহ্য করুণ বেদনার হুঁইসেল বাজায়।

জানো!তখন খুবই কষ্ট হয়,মাঝে মাঝে ভাবি

সেটা প্রেম হলেই হয়তো ভালো হতো;

ক্ষণিক আনন্দে মন ভরিয়ে

আবার চিরতরে ভুলে যাওয়া যেত।

মনের মধ্যে ভালোবাসার বিরহ,

আর জায়গা করে নিতে পারতো না,

এভাবে যন্ত্রণার চাবিবিহীন তালায়

বুক আটকে যেত না,

সত্যি! প্রেম হলেই ভালো হতো।

বিরহের চাদর হৃদয় জড়িয়ে,স্মৃতি মনে করে,

এভাবেই আর থাকতে হতো না!

হৃদয় ব্যথার আঘাতে খন্ড খন্ড ভাগে,

চূর্ণবিচূর্ণ ক্ষতের জ্বালা পেত না।

এই জানো!তুমি ভাবছো!

 হয়তো সবই আজ ভুলে গেছি,তাইনা!

আসলে,তোমাকে কিভাবে ভুলবো বলো!

ভুলার তো প্রশ্নই আসেনা।

তোমার সাথে কথোপকথনের,

প্রতিটি ম্যাসেজ হয়তো আজ মোবাইলে নেই;

কিন্তু,এই মনের ভিতর

কখন কি ম্যাসেজে মনের কথা

ব্যক্ত করেছিলাম

তা খুবই মনে আছে?

প্রতিক্ষণেই সেই স্মৃতি বাঁশী বাজায়।

মনে হয় এখনো সেই ভালোবাসার ছলে,

তুমি আমারই সাথে কথা বলো

আমার সাথেই হেসে হেসে তোমার

 মনের কথাগুলো আমাকেই বলো।

সর্বক্ষণেই যেন তোমার সাথে কথা হয়,

এই ভাবনা গুলো আর কাটিয়ে উঠতে পারিনি।

এটাকে তুমি কি বলবে!

প্রেম না'কি শুদ্ধ ভালোবাসা!

আসলে,এটা প্রেম নয়,

এটাই প্রকৃত ভালোবাসা।

মা আসছেন

প্রতিমা চ্যাটার্জী

তুমি আসবে বলেই

মনে আজ খুঁশির জোয়ার

কাশবনে আজ মধুর বংশী বাজে

শিউলির দল ফুটছে রোশনাই তে

তবুও কেন মন দুঃখ পায়

কেন তবে চোখে আসে জল

তোর কাছে তো সবাই সমান

সবাই তো সন্তান

গরীব মানুষ মরে ক্ষিদের জ্বালায়

কেন মাগো এই অবিচার।

মাগো আমায় দে না কিনে,

নতুন একটা জামা,

আর তো কিছু চাই না মাগো,

শুধু একবার বল না মা,

পাবো কিনা শুধু একটা জুতো?

দেখ ঐ বড়ো বাড়ির ছেলে মেয়েরা,

কেমন নতুন সাজে,

পূজোর আনন্দে মাতলো সবাই মিলে এই খুশির দিনে

 গরীব বলে কেউ শোনেনা আমার কথা মাগো,

সবাই শুধু দুর ছাই করে এই খুশির দিনেও,

মাগো পেট ভরে তো খেতে পাইনা,

দুই বেলা দুই মুঠো,

আচ্ছা মাগো বলতো ,

কেন তোর ভুবনে এই হবে কি বিচার?

ও আমার দূর্গা মা,

দেখ না একটু হিসেব করে,

কেন আমাদের এই কষ্ট !!

হাসি আনন্দে থাকছে সবাই,

তবে আমরা কেন নয়?

একটি বার বলনা মাগো

আমার মায়ের চোখে,

কেন এতো জল??

পথ

নদেরচাঁদ হাজরা

কেউ খুঁজছে সর্টকার্ট

ঝুলিতে পুরবে ফল অতিদ্রুত।

হাতে সময় নেই একদম

আসলে নিজের বিশ্বাসের ভিত অতি নড়বড়ে

যা করতে হবে এইবেলা।

মুখে কথার তুবড়ি ছুটিয়ে মাত করে দিতে ওস্তাদ।

মানবিকতাকে নিয়ে ব্যবসা করে।

কেউ চলে ধীরেসুস্থে সময়ের সাথে তাল মিলিয়ে।

যতটুকু বলার দরকার

ঠিক ততটুকুতেই সীমাবদ্ধ রাখতে চায়।

চলার পথে যা পায় কুড়িয়ে

করে সঞ্চয়।

মানবিকতাকে মানবিক রাখে চিরকাল।

আপন গতিতে করে জীবনের সন্ধান।

লালায়িত মুখে পিঠ চাপড়ানো নয়,

সবকিছুকে আত্মস্থ করে

শান্তমনে করে অমৃতের সন্ধান।

শুধু পাওয়ার নেশায় মত্ত নয়,

দিতে পারে নিজেকে উজাড় করে।

তারপর একদিন আগামীর জন্য সবকিছু রেখে

চলে যায়।

পথ হয়ে ওঠে প্রশস্ত আগামীর জন্য।

তুমি আসবে তো

প্রণব চৌধুরী

প্রায় চারবৎসর অতিক্রান্ত;তুমি

সেই-ই যে প্রস্থান কঠিনের ভয়াল

ভয়ার্ত আতঙ্কের অজুহাতে,আজও

আগমনের বার্তা দিতে পারোনি কবে

ফিরবে তুমি ? তোমার আগমনী বার্তা

এখনও অবধী কর্ণগোচরে কেনো

অধরা বলতে পারো তুমি ? আমরা যে

তোমার প্রতিক্ষায় প্রতিক্ষীয়মান ও

অপেক্ষায় দিন গুনছি কবে তোমার

ঘটবে আগমন । বাতাবরণে বার্তা

প্রেরিত করে প্রেরণায় প্রাণ প্রোথিত

পুনরায় পরাণে ! তবে কি পরশের

পসার পর্যন্ত পরিশানে পরিজন ?

কেমনে কইবে কথা কিভাবে কখন ?

তালা

সূর্য

কারুকাজ করা একটা তালা
শেকল ধরে ঝুলছে অবিবেচকের মতো।
গ্রামে গঞ্জে, শহরের ওলিতে গলিতে
ফুটপাত থেকে শুরু করে রাজপথে,
নৃত্য নতুন তালার সমাহার।

যথের ধনের পাহাড়াদার হয়ে
কাটখড়া দরজার আজন্ম বিশ্বাসভাজন
হিসেবে কর্মরত এই তালা, অনায়াসেই
ঢুকে গেল খাঁজকাটা পেটের গভীরে।

করুনাময়ের সূত্রধর খোয়া গেছে আগেই
যে এই তালা খুলতে জানতো,
একের পর এক তালা জমা হতে হতে
হিসাবে এখন সংখ্যা ছাড়িয়েছে।

কিছু তালা সাদরে মুক্ত বিহঙ্গ

তবু কিছু তালা আজও অগচরে,

শিক্ষার মূলাধার চক্রের যে তালা

ক্রন্দণ হীন কদর্যতার পরিপূরক

তার গভীরে খোদাই বিহীন বর্বরতা।

একদিন তালাগুলোয় ধরবে জং

এক একে খোসে পড়বে সমস্ত তালা,

হয়তো বা কিছু কিছু গোপন তালা

তখনও ঝুলে থাকবে পাষন্ডের মতো।

শেষ প্রার্থনা

শ্রী বরুণ কুমার বিশ্বাস।

আমার এই হৃদয় খানি যদি এবার নেয়গো ছুটি,

ভোরের আলোও যদি হয়গো আঁধার যেমন রাতে,

আলোয় তুমিই ভ'রে দিয়ো আমার সকল ভুবন

শেষ বিদায়ের প্রদীপ খানি তুলে কারোর হাতে ।

তোমার দানেই আমার আসা এ বিশ্ব ভূবন মাঝে

তোমার মায়ায় লভেছিনু যে অনেক কান্না-হাসি,

সাগরতীরে হবেনা আর সাথী,ঝিনুক খোঁজার ছলে

ভুলিয়ে দিও শেষ বেলাতে আর যাদের ভালোবাসি।

বিদায় বেলায় কেউগো যদি দেয় মালা এ গলে

সেথা যদি কেউ ফিরে ফিরে খোঁজে আপন সাথী,

ব'লো হারিয়েছি আলোছায়ার সুরের থেকে দূরে,

যেথা চলে গেছে আমার না পাওয়া ফাগুন রাতি।

নীলাকাশের গায় যেথায় তোমার চরণ চিহ্ন ভাসে

এই ধরায় অশোক রেনুগুলি পড়েছিল যার পায়,

হয়েছে সময় তারই সনে মেলার , তারই ফুলবনে ,

সেই উজান পথেই হৃদয় খানি বাইবে এবার নায়।

চরণরেখা তোমার ঐ দূরের যে পথে গিয়েছে চলি

খুঁজে নেব গোধূলি বেলার আকাশ রাঙা আলোয়,

নীল গগনের ললাটখানি দেবে রঙিন হাসি ঢেলে ,

যাত্রা হবে শুরু,এ খাঁচাখানি রইবে পড়ে কালোয়।

যেতে পথে ক্লান্ত হয়ে যদি পড়ি ও ত্রিভুবনের প্রভু

তব টানেই পৌঁছে যাবো চেয়ে থাকা তারার সাথে।

সেই তোমার ফুলবনেই আমায় পরিয়ে দিও মালা ,

যেথা তোমার সাথে ভক্তজনে নতুন খেলায় মাতে।

কষ্টের মিথ্যা হাসি

খালিদ বিন আকরাম

আমি তোমার জন্যই মিথ্যা শিখেছি

ভালো নেই তবুও ভালো আছি বলতে,

তোমার স্পর্শে আমি অভিনয় শিখেছি

হৃদয়ে ব্যাথা বয়েও হেসে খেলে চলতে।

কারণ তুমি সুন্দরের প্রদীপ অসামান্য "

তোমাকে খুশি করতেই আমি চোর হয়েছি

ধোপা বাড়ি খুব সকালে গিয়ে ফুল চুরি,

আর কি সেই দৌড় ঝাপটা খেতাম আমি

বকা দিতো ফুল চোর বলে ওবাড়ির বুড়োবুড়ি।

ওরা জানতোনা এ ফুল তোমার জন্য"

গাছে ওঠা বরসিতে মাছ শিকার জানতামনা

এখন আমি সব পারি এমনকি রক্তও দেখি

ঐ যে, সেদিন থেকেই তো রক্তকে ভালোবাসি

হাত কেটে তব নাম লিখেছিলাম বলেছিলে একি!

মূলত তুমিই আমার সকল অনুভূতির কিরণ "

এখন কিন্তু প্রচন্ড কষ্টে আমি কাঁদিনা, কারণ

কষ্টের পরিমানটা একটু বেশিই জমেছে

চোখের জলগুলো পাথরের দানার মত মজবুত

তাই নিরবে হৃদয়টাতে খুন ঝরছে।

আসলে উপসংহারটা ছিলো পবিত্র প্রেমের মরণ"

তুমিই আমাকে হাসতে শিখিয়েছ করুন কষ্টে

তাই সারাদিন আমি হাসতে থাকি

ঠোঁটের মিথ্যা হাসি যখন আমাকে বিদ্রুপ করে

তখন আমি অপলক চেয়ে কাকে যেন ডাকি!

কষ্ট পেয়ো'না প্রিয় তোমাকে ডাকিনা"

তুমিই আমাকে কবিতা ও আঁকাআঁকি শিখিয়েছো

বর তার কনে নিয়ে পালকিতে ছুটে চলে

আর ময়না পাখিটা খাঁচা ভেঙে পালিয়ে গেলো

দূর আকাশে সে বেজায় খুশি অন্যের দলে।

এই মাথা ছুঁয়ে বলছি আমি তোমার ছবি আঁকি'না।

আলোর কারিগর

পবিত্রজ্যোতি মণ্ডল

শীতের ভোর। ঘড়িতে সাড়ে-পাঁচটা। মার ডাকে, ঘুম থেকে উঠে পড়েছি। তাড়াতাড়ি হাত-মুখ ধুয়ে, দুটো 'এস' আকৃতির বেকারি বিস্কুট, আর এক গ্লাস জল খেয়ে বেরিয়ে পড়লাম। রাস্তায় ঘন কুয়াশা। দু'-চার হাত দূরে কি আছে, তা ঠাওর করা যাচ্ছে না। মাঝে মধ্যে দু'-একটি ছোট আলোর বিন্দু, ধীরে-ধীরে এগিয়ে এসে, ক্রমশ বড় হয়ে, কুয়াশার মেঘ ছিঁড়ে, গুড়গুড় শব্দে ট্রাক হয়ে বেরিয়ে যাচ্ছে। পাকা রাস্তা থেকে নেমে, ধুলো-বালি বোঝায় ফুটপাত দিয়ে, একটি অ্যালুমিনিয়ামের বাক্স হাতে নিয়ে হাঁটছি। মিলিটারি রোড ধরে এগিয়ে গিয়ে, রায়-ব্রিজ পেরিয়ে শেষে চাকদহ রোডে উঠলাম। জেলখানা-মোড়ের কাছে, রাস্তার ডান দিকের একটি বাড়ি থেকে, অসময়ে মহালয়ার সুর ভেসে আসছে। বোধহয়, টেপ রেকর্ডারে বাজছে।

সপ্তাহে তিন দিন, আমাকে এই পথে আসতে হয়। আমার গন্তব্যে, পৌঁছে যেতে হয়, ভোর ছটার মধ্যে। চাকদহ রোড ছেড়ে, রেটপাড়ার রাস্তায় ঢুকে, জেলখানার উঁচু পাঁচিলের প্রায় শেষ প্রান্তে এসে, ডান দিকের সরু গলি

পথে, একটু এগিয়ে গেলেই, আমার গন্তব্য। 'সমীর ভাস্কর' স্যারের বাড়ি। পাঁচিল ঘেরা, একটি ছোট একতলা বাড়ি। সামনে একচিলতে বারান্দায়, একটি চওড়া টেবিলের দু'পাশে, দু'খানা বেঞ্চ পাতা। আমরা সাত-আট জন পড়ুয়া, যার সেই নির্দিষ্ট জায়গায় বসে, পড়া দেখছি। কিছুক্ষণের মধ্যে স্যার এলেন। গোলগাল ছোট-খাটো চেহারা। গায়ের রঙ ঈষৎ চাপা। পরনে ধুতি-পাঞ্জাবি। চোখে সেলুলয়েডের চৌকো-ফ্রেমের চশমা। চোখে মুখে সদাই একটি স্নেহ মাখানো প্রশান্তি।

প্রায় বছর সাঁইত্রিশ-আটত্রিশ আগের, সেই দিনগুলি, এখনও চোখের সামনে ভাসছে। অঙ্ক আর বিজ্ঞান পড়াতেন। খাতায় কোনো ভুল খুঁজে পেলে বকতেন না। লাল কালির পেনে, ছোট-ছোট অক্ষরে, খাতায় লিখে দিতেন। বুঝিয়ে বলে দিতেন, আর শেষে, মৃদু হেসে বলতেন, "কি? বুঝলে না!" সেই অমলিন হাসিটি, স্মৃতির বিচিত্র কোলাহলের মধ্যে, এখনও স্পষ্ট কান পাতলে শুনতে পাই। শান্তশিষ্ট এই মানুষটিকে কখনোই বিশেষ রাগতে দেখিনি। কেবল একবার, স্কুলের উঁচু ক্লাসের এক দাদাকে, নতুন বিল্ডিংয়ের বারান্দায় ধরে, বেশ কয়েকটি চড় কষিয়ে ছিলেন। আমরা স্কুলের কাঁঠাতলা থেকে দাঁড়িয়ে দেখেছিলাম– শান্তশিষ্ট, মানুষটি রেগে গেলে কি হন!

স্যারের অদ্ভুত কিছু গুণ ছিল, যা একালে বিরল। ক্যামেরা ছিল স্যারের অত্যন্ত প্রিয়। স্যার ছিলেন শখের ফটোগ্রাফার। বনগাঁ শহরের বিভিন্ন সরকারি ও

বেসরকারি অনুষ্ঠানে, স্যারকে ফটো তুলতে দেখতাম। স্কুলের বিভিন্ন অনুষ্ঠানেও ফটো তুলতেন। তখন ফ্লিম-নেগেটিভ থেকে সাদা-কালো ফটো প্রিন্টের যুগ। রঙিন ফটোগ্রাফি সেই সময় শৈশবের আঁতুড়ঘরে। শখের ফটোগ্রাফি তখন বেশ খরচ সাপেক্ষ ছিল। তবুও স্যারের ফটো তোলার উৎসাহ ছিল, চোখে পড়ার মতো। তখন, আমার শিশু মনে, প্রশ্ন জাগত, "স্যার যেখানে-সেখানে এইসব ফটো তোলেন কেন?" বনগাঁর বাটার মোড়ে, স্যারের একটি নিজস্ব স্টুডিও ছিল– 'ভাস্কর স্টুডিও'। সেখানে অল্প বিস্তর কমার্সিয়াল ফটো তোলা হতো বটে, কিন্তু স্যার এখানে তাঁর নিজের তোলা ফটোগুলি প্রিন্ট করতেন। এই স্টুডিও-র ডার্ক রুম থেকে বেরিয়ে এসেছে, একের পর এক, অসাধারণ সব ফটো– যেগুলোর ঐতিহাসিক মূল্য, আজ অনুভব করতে পারি। বনগাঁ শহরে, স্যারের তোলা এমন কিছু উল্লেখযোগ্য আলোকচিত্র হল– অভিযান ক্লাবের ক্রিকেট দল (১৯৭৪), প্রাচীন সাতভাই-কালিতলা (১৯৯৪), টাউন হলের মুক্তমঞ্চ (১৯৯৪), ট'-বাজার (১৯৯৫), বোটের পুল (১৯৯০, ১৯৯৫, ১৯৯৮), রাখালদাস সেতু নির্মাণ (১৯৯৮), বনগাঁর বন্যা (২০০০), ভাঙা রায়-ব্রিজ (২০০৬) প্রভৃতি।

স্যারের আর একটি বড় গুণ হল, ছাত্রদের প্রতি তাঁর অকৃত্রিম ভালোবাসা এবং তাদের বিজ্ঞানমনস্ক করে গড়ে তোলার পাশাপাশি, বিজ্ঞানের বিভিন্ন ধরনের মডেল তৈরির কাজে উৎসাহদান। আমাদের বনগাঁ হাই স্কুলে, প্রতি বছর স্বরস্বতী পুজো উপলক্ষে, তিন দিন ধরে, ছাত্রদের তৈরি বিভিন্ন ধরনের মডেল-প্রদর্শনীর আয়োজন করা হতো। এর সাথে চলত, মনোজ্ঞ সাংস্কৃতিক অনুষ্ঠান।

প্রায় প্রতিটি ক্ষেত্রে, স্যার আমাদের উৎসাহ দিতেন। বিশেষ করে, বিজ্ঞানের মডেল তৈরিতে তাঁর অবদান, ভোলার নয়। কে কি মডেল করবে, কি ধরনের মডেল হবে, সেই মডেলের জিনিসপত্র কোথায় পাওয়া যাবে, খরচ-খরচা কেমন হবে– এইসব ছিল স্যারের নখদর্পণে। সেই সময়, কিশোর জ্ঞান-বিজ্ঞান পত্রিকায় প্রকাশিত, বিভিন্ন বিজ্ঞান-মডেলের বাস্তব রূপায়ণ ঘটত স্যারের হাত ধরে। স্যারের পরিচালনায় নির্মিত, এমন কিছু বিজ্ঞান-মডেল হল– ট্রানজিস্টর রেডিও, ব্যাটারি চালিত টেবিল ল্যাম্প, হেডফোন প্রভৃতি।

২০০১ সালে, স্যার চাকরি জীবনে অবসর গ্রহণ করেন বটে, কিন্তু তাঁর চিরন্তন গুণগুলির প্রকাশ, আজও একইভাবে ভাস্বর হয়ে আছে। স্যারের নিরলস পরিশ্রমের আর একটি ফসল হল, বিভিন্ন মনীষীদের উক্তিগুলির 'সারমর্ম' চয়ন করে, ক্ষুদ্রাকারে নিজস্ব ঢঙে লেখা, একটি গ্রন্থ প্রকাশ। ২০২০ সালে, প্রকাশিত তাঁর 'নিজের ভাবনা' নামক এই গ্রন্থে, স্যারের নিজস্ব ভাবনা-চিন্তার সাথে অসংখ্য দুস্প্রাপ্য আলোকচিত্র সংকলিত হয়েছে।

বর্তমানে, বারাসাত-নিবাসী, এমন একজন বহুমুখী প্রতিভার অধিকারী, মাননীয় শিক্ষক, শ্রী সমীর ভাস্কর স্যারকে, আজ শিক্ষক দিবসের পুণ্য লগ্নে, আমার বিনম্র প্রণাম ও শ্রদ্ধা জানাই।

বৃথা চেষ্টা

পবন দাস

দু'চোখে দেখেছিলাম কত স্বপ্ন,

মনেতে রেখেছিলাম করে যত্ন।

ঘুম যখন গেল ভেঙে,

কিছুই আর পড়ল না মনে।

ভাবের সাগরে ডুব দিয়েছি,

আমি চোখ দুটো বুজে।

দু'হাত দিয়ে হাতড়ে গিয়েছি,

যদি কিছু পাই খুঁজে।

ডুব দিয়েছি সাগর জলে,

যদি মানিক রতন মেলে।

আমি ডুব দিয়েছি ভুলে,

জোটেনি কিছুই মোর কপালে।

আষাঢ় শ্রাবণ বিদায় ক্ষণে,

বর্ষা কি কয়ে গেল শরতের কানে।

তাই শরতের শুভ আগমনে,

যৌবন এসেছে কাশবনে।

কাশ ফুলে মধু আছে কি না,

তা নেই তো আমার জানা।

শরতের শিশির ভেজা কশবনে,

অলিরা করছে আনাগোনা।

শরতে ফুল ফুটেছে কাশবনে।

অলিরা ছুটেছে মধুর টানে।

কি কথা গেল বলে গুন গুনে,

কাশ ফুলের কানে কানে।

কাশ ফুলে পায়নি মধু,

ফুলে ফুলে বেড়িয়েছে শুধু।

মধুর লোভে সারাদিন ধরে,

ফুলে ফুলে গুন গুন করে।

ইচ্ছা মতো মন

চন্দনা কুন্ডু

আমি বৃষ্টি হবার ইচ্ছা রাখি যদি তুই হোস নদী

ঝর ঝরিয়ে পরবো আমি রাখিস মনে যদি।

আমি পাহাড় হবার ইচ্ছা রাখি তোর সমতল ঘরে

ঝড়ের আঘাতে পোড়ব ভেঙে তোর পাঁজরের পরে।

সমুদ্র হবার ইচ্ছা রাখি,যদি তুই হোস ঝিনুক

আমার বুকের মাঝে রাখবো ধরে,তোর চিবুক।

চোখের জল হবার ইচ্ছা রাখি-ভালোবেসে যদি হাত
বাড়াস।

তোর জন ্য ছুটে যাবো ইচ্ছা মতন চিরদিন-চিরকাল।

চোখ হবার ইচ্ছা রাখি -যদি তোর চোখে থাকে স্বপন,

হাসি মুখে করে যাবো সুখের বীজ বপন।

বাধা ডিঙ্গাবো আর সমুদ্র সাঁতরাবো যদি ভালোবাসা পাই
তোর

আমি আকাশ হয়ে রাখবো খুলে শরতের নীল মেঘের
দোরে।।

সর্বগ্রাসি লোভ

মুকুট রায়

চাই না,চাই না, আমরা বলি শুধু মুখেই,

আমাদের চাহিদা মেটেনা, মোটেও সহজেই।

বিশ্বগ্রাসি লোভের জঠর নিয়ে, ঘুরি আমরা,

পারলে লোভের অনলে, জ্বালাতে পারি,

পৃথিবীতে আছে আর যারা।

আমাদের লোভের আগুনে, ধ্বংস হয়েছে পৃথিবীর ভারসাম্য,

তবু আমাদের ক্ষুধার নিবৃত্তি নেই, কেড়ে নিই গরীবের মুখের পরমান্ন।

সহস্র লোকের ধ্বংসে কাঁপে না চোখের পাতা,ভাবি এতো সামান্য,

আমাদের কি থেমে থাকলে চলে,লুট করার আছে যে সম্পদ অনন্য।

আমাদের লোভের অনলে, ধ্বংস হয়েছে হিরোসিমা, নাগাসাকি,

দুটো বিশ্বযুদ্ধ পেরিয়ে এসে থামিনি আমরা, তৃতীয় যুদ্ধ
দিচ্ছে উঁকিঝুঁকি।

আমাদের শিশুদের ভবিষ্যৎকে, দিয়েছি করে ছারখার,
বাসের অযোগ্য,

তবু লোভের বলি দেওয়া ছেড়েছি, হয়েছে সর্বনাশা
অসুখের আরোগ্য?

লোভ ও ভয় মানুষের দুই বড় শত্রু, তাদের হাত থেকে নেই
কভু রেহাই,

লোভের আগুনে পরিবেশ শেষ করেছি, যেখান থেকে এল
করোনা ঐ।

ভয়ে এবার ছুটে বেড়াচ্ছি, তবুও মোদের অভিশাপ পিছু
ছাড়ে কই,

করোনা এবার নিচ্ছে হিসাব, তার বিচার থেকে রেহাই নেই
কারোরই।

অড়কষা নদ

শ্রীউত্তম

অড়কষা নদ দেখবে যদি শারদ প্রভাতে এসো।

দুই পাড়ে যার বন বনাণী দেখেই ভালোবাসো।।

বইছে ধীরে মিষ্টি বারি যার আয়না সমতুল।

মাঝ নদীতে মাছ খেলিছে ঘিরিয়া দুই কূল।।

আসছে গাঁয়ের ব্যাস্ত মানুষ ডুব দিয়ে যায় জলে।

গাছের শাখায় লাফ দিয়ে যায় আনন্দে হাত তুলে।।

লাজবধু সব কলসী কাঁখে নামলো নদীর ঘাটে।

পুলের উপর নদ পেরিয়ে গাঁয়ের চলছে মানুষ হাটে।।

কোঁচবক এসে করছে শিকার শামুক ঝিনুক কাঁকড়া।

ছোট্ট শিশু দেখছে হেসে তার মাথায় চুলের ঝাঁকড়া।।

গভীর জলে ঝাঁপ দিয়েছে জাল হাতে মন মাঝি।

আসছে পুজোয় বাপের বাড়ি সুশীলা বধু সাজি।।

নীল আকাশের বুক চিরে ওই উড়ছে অনেক পাখী।

সব দেখে তাই পাঁড়ুদা গাঁয়ের চিত্র ধরে রাখি।।

এমন সুখ আর শান্তি ভরা মা'গো তোমার চরণ নমিঃ

এই গ্রামেতেই জন্ম আমার সুখ ও সাধের জন্মভূমি।।

কবি

নির্মলেন্দু মাইতি

মনের সবিতায় কবির কবিতায়

প্রকৃতির আলোক উদ্ভাসিত লেখায়,

পৃথিবীর শ্রান্তি বিস্ময় বলয় ঘিরে

জেগে আছে বিশ্বের মানবতার তীরে,

শূন্য আকাশে গ্রহ তারা নক্ষত্রে পূর্ণ

অসীম নিস্তব্ধতায় কত আছে বর্ণ,

করুণ মরণে সহিয়া নীরব ব্যথা

বসিয়া আপন দ্বারে ভাবে কত কথা,

কত প্রেম আছে কত ভালবাসা আসে

অনন্ত জীবনে বিস্মৃতির তীরে ভাসে,

প্রহরে প্রহরে জাগে অন্তরে কামনা

নবরূপে আসে নিত্য নতুন বাসনা

ভুবনের কত কিছু ভাসে আঁখি পরে

হৃদয় কত কিছু যে চায় বারে বারে

কঠিন প্রয়াসে মাতে সাধনার তীরে

যুগ যুগান্তরে মাতে সৃষ্টি সমাহারে

কত ছন্দ কত আনন্দ আসে যে মনে

শব্দ বাক্যের সাথে মিলনের বন্ধনে

লোভ লালসাহীন জীবনের সংকটে

কত কলঙ্ক ক্লেশ দুঃখে না দিন কাটে

পাগল মন তবু ছোটে ভাবের ঘোরে

ঘুরে প্রান্তরে প্রান্তরে বাউলের সুরে

অসীম সীমার মাঝারে সীমান্ত খোঁজে

মন সাগরে ভাসে মৃত্যুর মাঝে নিজে।

চির সুখী

আরতি চৌধুরী

পাষাণ হৃদয় মানুষের অন্তরে

মনুষ্যত্ব খুঁজতে যেও না।

অপরের খুশির খোরাক জোগাতে গিয়ে

নিজেকে অভুক্ত রেখো না।

মায়ার জগতে

মিথ্যা অভিসারে ভ্রমণ করো না।

ভয়ার্ত হৃদয় নিয়ে পথে চলো না,

সাধারণ শেয়াল - কুকুরও ভয় দেখাতে চাইবে।

ভালবাসার কাঁধে কাঁধ মিলিয়ে সাথ দিও

বহিতে পারা বোঝাটুকুই সাথে রাখিও।

স্নেহমাখা হাতে হাত বাড়িয়ে

যদি পারো কারোকে উপরে তুলিও।

বিশ্বাসের ডালিখানি ভরে রাখিও

অবিশ্বাসী ঘুণ পোকা ফিরে যাবে স্থানাভাবে।

উষ্ণ দহনে বার বার দহে

কৃত্রিম প্রলেপ হতে নিজেকে দূরে রাখিও।

পৃথিবী শূন্যের উপর বিরাজমান

সকল সম্পর্কই ঘুরছে শূন্যের উপর।

পৃথিবীর মতো মানুষ - মানুষের সম্পর্কে

নেই কোন মাধ্যাকর্ষণ।

আছে শুধু এক ফোঁটা মায়ার বন্ধন।

যে কোন মুহূর্তেই হতে পারে ছিন্ন-বিচ্ছিন্ন।

সুখ পাখিটা ক্ষ ণে ক্ষণে উড়ে যায় দূরে

দুঃখ পাখিটাই সুর মিলায় সুরে সুরে।

ক্ষণস্থায়ী সুখ কখনো আসে যদি আসুক

দুঃখকে ভালবেসেও এখন আমার সুখ,

বলতে পারি আমি এখন চিরসুখী!

~~~~~~~~~~
~~~~~~~~~~

হে শম্ভুনাথ

দিব্যেন্দু বিশ্বাস ঝলক

রেলগাড়িটা কাঁদছে একা

গাড়ির চাকায় জং ,

অলস জীবন বেকার সময়

মলিন হয়েছে রং ।

বিদ্যালয়ের চেয়ার টেবিল

কাঁদছে আপন মনে,

ঐ বুঝি সব আসছে ওরা

বই হাতে প্রানপণে ।

অফিস পাড়া জনশূন্য

কোথায় কোলাহল !

হারিয়ে গেছে চেনা ছন্দ

নির্বাচিত কাব্য সংকলন

দেখবি যদি চল।

মন্দির মসজিদ গির্জাতেও আজ

লোক সমাগম কম ,

প্রান চঞ্চল মানুষগুলোর

হারিয়ে গেছে দম ।

মনের মাঝে রোগের ভয়

শরীরটা যাইহোক,

দারাপুত্র স্বজনহারা

কাঁদছে আপন লোক ।

রাস্তা বাজার ফাঁকা ফাঁকা

সকাল থেকে রাত,

আগের ছন্দ ফিরিয়ে দাওনা

হে শম্ভুনাথ !!!!

নিহত সাহিত্য

সোমনাথ চ্যাটার্জী

চেতন অচেতনের মাঝে কবি আচ্ছন্ন

,বিধান রায় ড:নীলরতন সরকারকে

নিয়ে এলেন কবির ঘরে শয্যার পাশে,

অঘটন ঘটার আকাশচুম্বী প্রত্যাশা

আবার কেমনে পশিবে রবির কর?

কবির হাতে হাত বুলিয়ে

নিরবে বেরিয়ে গেলেন।

চির অস্তমিত হলেন রবি

শুরু হলো স্বজন প্রিয়জনের

নিস্তব্ধ আনাগোনা।

বন্ধ স্কুল কলেজ কারখানা

উকিলের মামলা,পাদ্রীর আলখাল্লা

রাজকার্য হয়ে উঠল অর্থহীন

গোল টুপি বাঁকা টুপির আনাগোনা।

শেষ রামানন্দ বাবুর উপাসনা,

শেষ কবির মুখে বহুবার শোনা

শাস্ত্রী মশাইয়ের মন্ত্রপাঠ।

ঘরে নিরবতা পালন

জোড়াসাঁকো থেকে বের হলো

দুজোড়া দুজোড়া পায়ের

মৃত্যু মদে টানা যান।

অরণ্যে বনানী সারিসারি নিস্পন্দ

বারণকুল ক্রন্দন রত

যেন পরিষ্কার করে দিচ্ছে

যাওয়ার পথের ধুলো

বৃহন্নলার স্তব্ধ হাততালি,

হায় রে যেন

লট পট করে বাঘ ছাল

যেন দশ রহী রহী গ র জে।

তারই বুক দ্বিধা করে,

সিধা চলেছে মৃত্যু সনদন!

টল মল বাহকের দোলায়

ভাঙা গড়া করছে শুভ্র ঢেউ।

সংকুচিত পথিকের পথ

আরো সংকুচিত করা হয়েছে!

কলু টোলা স্ট্রীট, কলেজ স্ট্রীট

কর্ন ওয়ালিশ স্ট্রীট ধরে

পিছে নয় সবার আগে যেন

পৌঁছাবে গঙ্গা ধারের ধামে।

মানুষে গড়া জনতা

মিলেমিশে একাকার,

বিজয় রথে শায়িত বনস্পতি

নিহত সাহিত্য,

পা দুখানি স্বর্ণচাঁপা

পদ্মের সরোবর।

কি বিচিত্র শোভা

কি বিচিত্র সাজ,

পিঞ্জরে পিঞ্জরে অনুরণিত

যখন পড়বে না মোর পায়ের চিহ্ন

এই বাটে,তখন আমায়

নাই বা মনে রাখলে.....

রিক্সাওয়ালার ঠুন ঠুনীর সান্তনা।

তরঙ্গ মিলায়ে যায়

তরঙ্গ উঠে

কুসুম ঝরিয়া পরে

কুসুম ফুটে

নাহি ক্ষয়ো নাহি শেষও

নাহি নাহি দৈন্য লেশ

সেই পূর্ণতার ও পায়ে

মনস্থান মাগে

আছে দুঃখ আছে মৃত্যু

বিরহ দহন লাগে

তবুও শান্তি তবু আনন্দ

তবু অনন্ত জাগে

আছে দুঃখ আছে মৃত্যু.......।।

ও নূপুর

গৌতম দাস

ও নূপুর আমায় কেনো পাগল করে ,

ও রূপ-বৃষ্টিতে যে মনটা ভরে ।

ও কোমর দোলে যে তার হাওয়ার দোলে ।

আমিও পড়ছি প্রেমে মনের ভুলে ।

সারাদিন টাপুরটুপুর শব্দ শুনি ,

অফুরান আনন্দেতে প্রহর গুনি ।

ও যেন আসছে এখন আকাশ থেকে

কালো মেঘ-পরীর দেশের মেঘের থেকে ।

মনে হয় ওর সাথে আজ ভিজতে থাকি

নূপুরের শব্দ শুনি জড়িয়ে রাখি ।

ও আমার মেঘলা মনের শান্তি বারি

কি করে ওকে ছাড়া থাকতে পারি ।

তপ্ত হৃদয় ভরা দহন সুখে ,

চাই ও এসে পড়ুক আমার বুকে ।

মুছে যাক সব অভিমান বৃষ্টি ধারায়

আসুক আবারও প্রেম নয়ন তারায় !

ঝমঝম ,,, রিমিঝিম ঝিম টাপুর টুপুর

বাজুক হৃদয়ে মোর বৃষ্টি নূপুর ।

ওর প্রেমে মজেছে মন আমার এখন

ঝরুক এ বৃষ্টি ধারা সারাটি ক্ষণ ।

ও কোমর দুলিয়ে আসে আমার কাছে

জাগছে আবারও প্রেম মনের মাঝে ।

ও কেমন নাচছে দেখো হাওয়ার সাথে

বৃষ্টির ফোঁটা হয়ে পড়ছে হাতে ।

শ্বশুর বাড়ি জিন্দাবাদ

দেবদাস নাথ

ইলিশ মাছের ভাপা হবে ,

চিংড়ি মালাইকারি ।

শ্বশুরবাড়ি এসে দেখি ,

চড়ে গেছে হাঁড়ি ।

ফুটছে যে চাল বাঁশ কাটি,

জানিনা কত দাম ।

খুন্তি হাতে শাশুড়ি মাতার ,

ঝরেই চলেছে ঘাম।

শ্বশুর বাবা পিঁয়াজ ছোলে ,

চোখের জলে ভাসিয়ে।

ভুরিভোজ টা ভালই হবে ,

খাসির মাংস দিয়ে।

শালী আমার সাজে ব্যস্ত ,

ঠোঁটটি লাল করে ।

আমায় দেখে আল্লাদিতে ,

জড়িয়ে আমায় ধরে।

অনেক কপাল গুনে এমন,

শ্বশুর বাড়ি জোটে।

শালীর আদর পেলে অমন ,

দিনেও চাঁদ ওঠে।

গিন্নি আমার রণচণ্ডী ,

শালির আদর অগাধ।

শ্বশুর-শাশুড়ি থাক বা না থাক ,

শালী জিন্দাবাদ॥

নতুন করে প্রেমে পড়ে যায়

এ.জি.অঙ্কিত ঘোষ

অনেক ঝগড়া করার পরে যহন তুমি সব ভুইলা আমারে
কাছে টাইনা নাও,

বিশ্বাস করবা তহন যেই অনুভূতিটা কাজ করে সেইটা তুমি
কখনোই অনুভব করতে পারবা না।

প্রচণ্ড ঝগড়ার পরে তুমি যহন আমারে বুঝাইতে থাকো,

কি করলে ভালো হইবো আর কি করলে ঠিক হইবো,

তহন আমি নতুন কইরা তোমার প্রেমে পইরা যাই।

অনেকটা অভিমানী মুখে যহন মুচকি হাসি দিয়া আমারে
কও ভালোবাসি খুব,

তখন মনে হয় পৃথিবীতে ভরসা করার মতন একটা মানুষ
আছে।

কান্তে কান্তে যহন আলতো গলায় কথা কও,তুমি আমারে
ছাড়াই ভালো থাকতে পারবা,আমি তোমারে ভালো রাখতে
পারতাম না,

ঠিক তখন ঐ তোমার প্রতি আমার ভালোবাসা দ্বিগুণ
বাইড়া যায়।

হয় তো জীবনে কোনো না কোনো ভালো কাজ করছিলাম,

তাই তোমারে আমার জীবন সঙ্গী হিসাবে পাইছি।

যহন অভিমান ভুইলা আমার কাছে আইয়া কও
ভালোবাসি,

ঠিক তহন জড়াইয়া ধইরা কইতে মন চায় আমিও তোমারে
খুব ভালোবাসি।

পরপারের ডাক

অভিলাষ রাজবংশী

জীবন-তরী যাচ্ছে বয়ে--

অজানার এক পথে,

তুফান এলে ভেসে যাবে

চড়বে যমের রথে।

বেলা শেষের শেষ খেয়াতে

দিতে হবে পাড়ি,

স্বর্গই হবে শেষ ঠিকানা

শান্তি-সুখের বাড়ি।

ছাড়তে হবে সোনার সংসার

আত্মীয়-আপনজন,

পড়েই রবে সাধের বাড়ি

আসবে যখন মরণ।

হৃদয় মাঝে বাজনা বাজে

এই বুঝি বেলা যায়,

সুখের স্বপন হবে বিলীন

বেলা শেষের খেয়ায়।

ক্ষণকালের-- লীলাখেলা

সুখে-দুঃখে ভরা,

পাপ-পুণ্যের এই মানবজীবন

মরীচিকায় গড়া।

বাঁচবে যদ্দিন থাকবে সুখে

সবাই করো এই পণ,

পরকেও আপন ভাববে সদাই

জীবনে সর্বক্ষণ।

পরপারের ডাক শোনো ওই

গর্জায় ভীষণ রবে,

আয়ু ফুরোয় সময়স্রোতে--

যেতেই তোমায় হবে।

এই দুনিয়ায় রইবে অমর

মানুষ যিনি মহৎ,

কর্মই যাদের মানবকল্যাণ

জিনবে বিশ্ব-জগৎ।

রাগ-অভিমান, জীবন-যৌবন

মিছে মায়ার খেলা,

আপন করে ভালোবাসো

কীসের অবহেলা?

যেতেই হবে মরণলোকে

ঠাঁই সেই কবর-শ্মশান,

ধনী-গরীব তামাম মানুষ

পরপারে সমান।

খেলা

রমজান মাহমুদ

কোনো কোনো খেলা চলে পায়ে পায়ে ঠেলে,

কোনো খেলা করা যায় গুটি চেলে চেলে।

কোনো খেলা কেউ খেলে চড়ে সাইকেলে,

কোনো খেলা চলে যেন জলে ডানা মেলে।

কখনো বা কেউ খেলে শুধু এলেবেলে।

খেলা শেষে কেউ কাঁদে, কেউ হেসে ফেলে।

খেলাতেই ঐক্য বা শৃঙ্খলা মেলে।

শক্তি বা বুদ্ধি বা কৌশল ঢেলে-

খেলে খেলে কেউ রাখে নিজেকেই জ্বেলে।

এভাবেই উসাইন-ম্যারাডোনা-পেলে।

পৃথিবী এগুবে নাকি পড়ে যাবে হেলে-

জানা নেই কার মাথা কখন কী খেলে!

বাধ্য নই

সুমনা মণ্ডল

আসমানেতে নিজেকে দেখি

নিজের চোখে সাধ্য কই?

বাধ্য হলেও বাস্তবতায়

আদতে আমি বাধ্য নই।

নিজেকে মাপার উন্নতায়

নিনাদও হয়েছে শব্দহীন ,

অন্তঃস্থল হতচকিত

পুরাতন নাকি অর্বাচীন!

এ যুগে আমি প্রাগৈতিহাসিক

জীবন্ত, চলন্ত এক ফসিল,

আলগোছের ওই অভিভাষণে

প্রাচীন যুগীয় এক দলিল ।

আধুনিকতার গন্ধ মেখেও

আধুনিক আর হলাম কই?

দমবন্ধ লৌকিকতার

কদরে আমি বাধ্য নই।

অভীপ্সাদের জলাঞ্জলি

দেওয়ার মতো সাধ্য কই?

বাধ্য হলেও কি বা আসে যায়!

না হয় আমি "আমিই" সই।

জীবন নিয়ে ছুটে চলা

পবনভিকুমার সাহা

জীবন নিয়েই ছুটে চলা

হৃদয়ের রেল গাড়ি

নিঃশ্বাস নিয়ে প্রশ্বাস ছাড়া

অতৃপ্ত আগুন নারি।

কালো রঙ পুড়ে হয় সাদা

বহুদূর পথ ছোটে

ডাক ছাড়ে মনেতে কুহু

হাঁপিয়ে গতি লোটে।

এক চোখ দূরে রাখে মেলে

রাগের আগুন নিয়ে

ভোরের রূপ ঐ লালে খেলে

গতির চাকায় গিয়ে।

গেছে পিঠ তার জলে পুরে

বিরাম নেই তার মনে

রাত চাঁদ তারা শিশির ছুড়ে

সময়ে ঘন্টা ভোর আনে।

জেতে হয়   বহু দূর হেঁকে

ঘন ঘন নিঃশ্বাস রাখে

ঘাম নিয়ে বিশ্বাস ধরে

মাঝপথে   গতি রুখে।

লাল রঙে আলো জ্বলে ওঠে

থমকে সেলাম ঠোকে

চেনা শেষ   বেলা মেঘ ঘেঁটে

সবুজ পাতার ঝোঁকে।।

দোলায় চলে থেকে থেকে রেগে

যেতে হবে ঐ দূরে

হৃদয়ে শ্বাস তুলে দেয় ছুট

হুইসেল মারে জোরে।

সবুজ রঙ দেখে হাঁক পারে

দাও কয়লা হাতে ধরে

দাউ দাউ করে জ্বলে আগুন

মুখ লাল জ্বলনে মরে।

শুধু দম নিয়ে ছুটতে চেষ্টা

পথ চেনা দেশটা

বন্ধুদের কাছে দেবে সুখটা

প্রতিক্ষার মুখটা।

শিক্ষক পূজা

নীতা কবি মুখার্জী

৫ ই সেপ্টেম্বর শিক্ষক দিবস, শিক্ষকের চরণে প্রণাম

মানুষ গড়ার কারিগর তিনি,দিই যোগ্য মান।

বছরের এই একটা দিনই নয় শিক্ষকের সম্মান

প্রণমি তাঁরে শত শত বার, গড়েন জীবনের মান।

সর্বপল্লী রাধাকৃষ্ণান ছিলেন শিক্ষক গুনী

এই মহাদিন তাঁরই স্মরণে তাই তো সকলে জানি।

মানুষ জন্ম নিলেই কি আর হয় রে মানুষ, ভাই?

জ্ঞান চায় আর জ্ঞানালোক চায়, শিক্ষকই দেন তাই।

একাগ্রতায় অর্জুনবীর, গুরুভক্তিতে আরুণি

একলব্যের গুরুদক্ষিণা আজ আর কেউ দেখেনি।

বিদ্যাসাগর শিক্ষক ছিলেন, আর্ত-পীড়িতের ভগবান

দীন-দুঃখী ছাত্রের কাছে ছিলেন পিতা সমান।

গুরুর আসন সর্বোপরি, মাথার উপরে র'ন

ছাত্রের ব্যথা বুকে বাজে যাঁর তিনিই তো গুরু কন।

গুরু, শিক্ষক এক যদি হন, প্রথম গুরু যে মা

তাঁর চরণে প্রণাম করে যেথা খুশী সেথা যা।

স্বার্থ-সর্বস্ব সম্পর্ক আজ দেয় না গুরুকে মান

অর্থের তুলাদণ্ডে আজকে বিকায় গুরুর মান।

শিক্ষক পূজা মানে দেখি আজ দামি দামি উপহার

শিক্ষক-দিবসে দাও তাঁরে শুধু সম্মানের রত্নহার।

গুরুর আদরে, গুরুর শাসনে মানুষ "মানুষ" হন

শ্রদ্ধার মালাটি দিয়ো তাঁরই গলে, তিনি শিরোপরে র'ন।

আমি মনের ফেরিওয়ালা

স্মরজিৎ দত্ত

ফেরিওয়ালা বিক্রি করছে অনেক,

তবে বিক্রির একক মন।

প্রসার ও আছে অনেক

ভালো মন, ভালোবাসার মন,

দুঃখী মন, দুঃস্বপ্নের মন।

ফেরিওয়ালা বিক্রি করছে অনেক।

পসারের ক্রেতাও অনেক।

এক ক্রেতা সুধায় তারে -

তা তোমার মনের দাম কত?

ফেরিওয়ালা ক্রেতার মুখের দিকে

ফ্যালফ্যাল করে চেয়ে বলে-

বাবা তুমি কি মনের দাম দিতে পারবে?

আছে তো অনেক।

ছেলেটি বলে হ্যাঁ, পারব না কেন?

শেষে ফেরিওয়ালা মিষ্টি হেসে বলে;

তোমার সাথের মেয়েটিকেও তো

তার মনের মূল্য পারো না দিতে।

আবার কেন অন্য মন?

আমার কাছে মন আছে ভিন্ন।

কিন্তু তুমি কি তেমন পারবে হতে-

সুন্দর মনের ক্রেতা!

যে আছে তোমার সাথে,

তারও বড় ভালো মন;

তারেই কর যত্ন।

সুন্দরমন তখন তোমার হবে ভক্ত।

বিবর্ণ ঐতিহ্য

সন্দীপ চট্টোপাধ্যায়

সাত মহলা বাড়ির

   অন্দরে মহলে

তুমি আজও রহস্যময়ী ।

   জানলার পিছনে তোমার

ছায়া পড়ে আজও ,

খড়খড়ি তুলে

   চালসে ধরা চোখের দৃষ্টি

শূন্যে মিছিলের রঙে ;

   নাচ ঘরে ঘুঙুরের

ঐতিহ্য রজপথে আজ - -

   ইতিহাস আর সত্যের

হাহাকার ঘাম জড়ানো অন্দরে - ।

খুঁজে পেয়েছি তারে

মুজনাঈম রুনী

খুঁজে পেয়েছি তারে

এতদিন ধরে খুঁজেছি যারে।

যে হৃদয় কে শূন্যের জ্বালায় নাহি মারে।

সে যে এতো দিনেও ছিল মোরি ঘরে।

তারে চিনতে পারিনি বলে,

এতো দিন কষ্ট দিয়েছে মোরে।

সে যে আর অন্য কেউ নয়

এই মনের সাথেই মোর সুখ দুঃখের আলাপন হয়।

এত দিন খুঁজে পাইনি তারে,

তাই তো বড্ড একা ছিলাম কোন এক শিশির ভেজা ভোরে
।

আজ সূর্যের আলোয় হেসে খেলে গেল মোর হৃদয় পাড়ে।

এখন সুখ দুঃখের শান্তোনা বিক্রি হয় মোর হৃদয় জুড়ে।

হাসি ঠাট্টায় দিন কেটে যায় মোর তাঁকে ঘিরে।

সে মোর একাকিত্ব কে সঙ্গ দেয়,

চাঞ্চল্যতাকে সুধরে নেয়।

নয়ন জলে ভাসি

মোঃ ইলিয়াছ আহমেদ

ভালোবেসে হৃদ দিলে মুখে ছিলো মিষ্টি মধুর হাসি,

অভিমানে চলে গেলে তাই আমি নয়ন জলে ভাসি।

আশার প্রদীপখানি জ্বেলে দিয়ে আমার শান্ত বুকে,

তোমার প্রেমে পড়ে আমার দিন রজনী কাটে দুখে।

তোমায় খুঁজে ফিরি আমার বুক পাঁজর শান্ত নীড়ে,

হৃদয় মাঝেই কষ্টের ভাঁজে ব্যথা ভরা জীবন ভীড়ে।

তোমায় হারিয়ে নয়নে অশ্রু ঝরে কাটে সারা নিশি,

কাশ বনে খুঁজি মনে কারো সাথে আমি নাহি মিশি।

দু'নয়নে ঝরে জল মনে পড়ে যখন তোমার স্মৃতি,

আজো ভুলিনি আমি তোমার অতীত প্রণয় প্রীতি।

শরতের ভাদ্রমাসে নীলআকাশে চেয়ে আমি থাকি,

আনমনে হৃদ ছুঁয়ে ফ্যাকাসে তোমায় আমি ডাকি।

কিছুই আমার লাগে নাহি ভালো বিরহের সুর মনে,

পাখিরা গেয়ে যায় গিতালী মনের সুখে নির্ঝর বনে।

প্রিয়জন হারানো মুখটি চোখের কোণে ভেসে উঠে,

কবে পাবো সেই আশা তোমার পানে মন যায় ছুটে।

আমি এখনো চেয়ে থাকি তোমার চেনা পথ পানে,

এখন তুমি কোথায় আছো প্রিয়া কেউ নাহি জানে।

হৃদয় আজি জাগে শুধু তোমার প্রীতির মধুর কথা,

অবশেষে তুমি আমার হৃদে দিয়ে গেলে বড্ড ব্যথা।

সে আমার কেউ না

সমর বিশ্বাস

তাকে ঘেন্নাতেও রাখি না,

প্রাথনাতেও রাখি না,...

যে ছেড়ে গেছে সমস্ত গল্প মুছে...

শুধু ফেলে গেছে স্মৃতি বিজড়িত একরাশ

ঘন কালো মেঘ..

যে মেঘ বৃষ্টি ঝরায় আঁধারের নিরবতায়...

জীবন সংগ্রামে যে ফেলে গেছে একা,..

সে আমার কেউ না....

ঋতুপ্রিয়ে

চন্দ্রনাথ বন্দ্যোপাধ্যায়

প্রিয়ে ঋতু কন্যে   কষ্ট তোমার জন্যে

কিন্তু আমি যে এখন অসহায়

এই মহামারী সংকটে   বেড়াচ্ছি সর্বদা ছুটে

কি করে সময় দেবো তোমায়?

জানি বছর দুই হল   অনেকটা সময় গেল

সেতো সমাজের স্বার্থে

তোমার ভালোবাসা   অন্তরে আছে গাঁথা

নিওনা গো সংকীর্ণ অর্থে।

গ্রীষ্মে যখন ঝড় ওঠে তোমারও হৃদয় ফাটে

আমায় ছাড়ো না একা

রিমঝিম বারি বর্ষণে   আমায় তোমার সনে

রাস্তায় নামতে চাও দেখা।

শারদীয় সুপ্রভাতে   কাশবনে একসাথে

পাওনি গো আমায় জানি

হেমন্তের বিদায় লগ্নে   মন তোমার বিষন্নে

নির্বাচিত কাব্য সংকলন

ভারাক্রান্ত হয় মানি।

শীতের কাঁপুনি এলে   আমায় জড়িয়ে ধরে

গল্প মজা কত কি করো

আবার আসবে বসন্ত   মনে থেকো নিশ্চিন্ত

এখন করোনা বিদায়ে প্রার্থনা করো।

ফিরে এলাম

প্রশান্ত কুমার শীল

করিনি তো অন্যায়,

    করিনি তো কারচুপি,

    তবুও ঘরে আমি

      ফিরে আসি চুপিচুপি।

    গিয়েছিলাম ভোরবেলায়

ভ্যাকসিন দিতে,

সাধারণ জনতা
দিলো না তা নিতে।
সামাজিক দূরত্ব নেই,
মুখেতে মাস্ক নেই,
মারামারি ঠেলাঠেলি
লাইনে দাঁড়িয়েই।
মানুষের ধাক্কাতে
পড়ে গেলাম মাটিতে,
ফিরে এলাম মনের দুঃখে
আপনার বাটিতে।

অভিমান

সুদীপ্ত তেওয়ারি

তুমি কি জানতেনা

তোমার মনখারাপ

ভেসে যায় পাহাড়ী ঝর্নায়

বৃষ্টি ভিজে আসে

নরম সন্ধ্যার মত

আমার কাছে

সে ভেঙে তছনছ

হাতের শুকনো পাতায়

আমার আঙুল ছুঁলে

বৃষ্টির মত তরল অনুভবে

আমি নীরবে নিজের শরীর ছেড়ে বেরিয়ে পড়ি

 বসি ঝর্নার পাশে

জল ছিটকে এসে লাগে

মুখে।

তখনো বুঝিনি

ভেসে যাচ্ছে

ভিজে চুপচুপে   অভিমান!

সময়ের বন্দনা

ইমরানুল ইসলাম

সময়ের স্রোত আবহমান, চিরন্তন

থাকে না কখনো থেমে,

জাগতিক নিয়ম নিত্য ও চরম সত্য

বাঁধা যায় না তো ফ্রেমে।

সময়ের পরিক্রমায় ঋতু বদলে যায়

নবরূপে চিরাচরিত সাজে,

আহত হৃদয়ে নতুন প্রাণের সঞ্চার

স্বার্থের প্রেম বাজে।

সবকিছু বদলে যায়

কারো জন্য সময় তো স্থির নয়,

জগৎ সংসার যেন মহাসুখের

চরম বাস্তবতা সত্যি দুঃখের।

আমরা বাস্তবতার কাছে হেরে যাই

আসলে সময় জিতে যায়,

অন্ধ চক্ষুর দৃষ্টি ফেরাতে

সৎ ইচ্ছার অভাব হায়!

কষ্টার্জিত ফল ভারী মিষ্টি

আত্মার মহা সন্তুষ্টি,

সহজেই লাভে তেঁতো ভরপুর

বদ হজমই কৃষ্টি।

মন পাখি

গোবিন্দ সিংহ

বন্ধ হয়েছে কপাট ঘরে

দরজা খুলি কেমন করে,

ও তার তালা নেই চাবি নেই

খুলার কৌশলও তো জানা নেই।

ঘুরি ফিরি পথে পথে-

দেখা পাই যদি সেই বন্ধুর সাথে,

ক্ষণিক বসায় বলবো তারে

পরাণ বুঝি যাবে উড়ে।।

তোমার যদি থাকে জানা

পরপারের সেই ঠিকানা,

আমায় ধরিয়ে দাও সেই লাঠি

যেতে চাই ছেড়ে এই ভিটেমাটি।

শেষ বেলাতে দেখি আমি

জমা খাতায় কিছুই জমেনি,

সুদে আসলে বাড়লো বোঝা রে

বইতে বইতে জীবন গেলো রে।।

কইবো কারে দুঃখের কথা

যে শোনে সে হাসে যথাতথা,

না পেলাম গুরুর দীক্ষা

না পেলাম সংসার শিক্ষা।

মজে ছিলাম কাম বাসনায়

আজ ভুগছি সেই যাতনায়,

নয়ন জলে ধুয়ে শরীর

কোন বিধানে আছে পাপ মুক্তির!

কেমন করে রাখি ধরে

পিঞ্জের র সেই পাখিটিরে।।

জীবনের সকালে

সন্দীপ কুমার ঘোষ

জীবনের সকালেই খসে যায়

চরিত্রের খান দুই ভালো দিক ।

কালো কালির আঁচড়গুলো

কলঙ্কিত করেছে জৌলুস ।

আধপোড়া আড়াইটা রুটির ডিনারে

মাঝরাতেও সজাগ থাকে

হার্ট , স্টোমাক , কিডনি , লাভঙ্ক্স্ , লিভার ....

বালিশের নিচে মুখ গুঁজে ' শার্লক হোমস '

আর , ফ্যালফেলিয়ে দ্যাখে ' সেরা সত্যজিৎ ' ।

শিক্ষিত জনমজুরের নাইট পার্টনার

কলেজ লাইফে লেখা কবিতার ডায়েরিটাও

ডিভোর্স দিয়েছে ।

পিটুইটারির ভিতরেই গেট-টুগেদার করে

অসংখ্য শব্দ , বাক্য ।

কেউ তারা বেরিয়ে আসে না কলমের ডগাতে ।

শরতের শুভ্রতা

ডাঃ বিভাস চন্দ্র বিশ্বাস

শরতের আগমনে মনে লাগে দোলা

শিহরিত অনুভবে আকাশে বাতাসে

সরসিজে ফোটে হাসি মধুর সুবাসে

ভাসমান শাপলায় সেই ছবি তোলা !

শরতের'পেঁজাতুলা কাব্যরূপ'খোলা

শুভ্রতার কাঁশ-ফুলে তেমনি প্রকাশে

শিউলি'ঝরা প্রাতেই পূজন আভাসে

অসুরনাশিনী-দুর্গা -- খুশি হরবোলা !

পাখির কূজন যেনো আগমনী সুরে

শরতের ঘাসে ঘাসে শিশিরের কণা

তরুলতা বিথীকায় শীতলতা ছোঁয়া !

মৃদুলা বাতাসে ঠেলে কলুষতা দূরে

ঝরানো সে মমতায় লাগে আনমনা

এ শুভ্রতা নিয়ে যাক দূষণীয়-ধোঁয়া !

অতঃপর জীবন

ইন্দ্রা রায়

জীবন আসলে কী? এই প্রশ্নের উত্তর জানতে আমি বেড়িয়ে পড়লাম বিভিন্ন লোকদের সাথে কথা বলতে। প্রথমেই চোখ পড়লো ক্লাস টু এর একটি বাচ্চা মেয়ের উপর, তাকে দেখে প্রশ্ন করলাম বাবু তোমার কাছে জীবন কেমন লাগে? সে অনেক কথাই বললো, সে বললো মাঝে মাঝে ঘুরতে গেলে অনেক মজা হয়, অনেক মজার মজার খেলনা পাই। সে বাচ্চা মেয়ে তার এটি বলা খুবই স্বাভাবিক।

আমি এগিয়ে চললাম আমার উত্তরের আশায়, ঘুরতে ঘুরতে চোখ পড়লো ক্লাস টেন এর একটি ছেলের দিকে, তার কাছে প্রশ্ন করলাম, তোমার কাছে জীবন কেমন লাগে? সে বললো বই টিউশন, গুরুজন, আর পাড়া-প্রতিবেশীদের কাছে ভালো ছাত্র, এর ভিতরে আমার জীবনটা যেনো ঢাকা পরে গেছে। বুঝতে শিখেছি পর পরই এটাই আমার জীবনের প্রধান টপিক।

একটা দীর্ঘশ্বাস ফেলে এগিয়ে চললাম জীবনের মানে খুঁজতে, চোখ পড়লো একজন রিক্সাচালকের দিকে, তাকে

প্রশ্ন করলাম, মামা একটু সময় হবে? একটি প্রশ্নের উত্তর দিবেন? রিক্সা এক পাশে এনে রিক্সাচালক মামা বললো বল বাবা,কি প্রশ্ন? বললাম মামা আপনার কাছে জীবন আসলে কি? মামার চোখে মুখে একটা ব্যঙ্গ হাসি। তারপর মামা বললো, আমাগো মতন মাইনশের আবার জীবনের মানে বাবা, আমরাতো রোজ মরণ হাতে এই শহরের বুকে বাহির হই। তুমি তো বাবা তবু মামা বললা, কত উঁচা উঁচা লোকজন এই রিক্সা, এই খালি বইল্লা ডাহে, তখন নিজেরে বড্ড যন্ত্রর যন্ত্রর লাগে। সেসব কথা যাউকগা বাবা, আমাগো জীবনের মানে একটাই, জন্ম হইবার পরেই কষ্ট, সেই কষ্ট হইবার পারে মাইয়াডারে ভালো বিয়া না দেওয়ানের, কিংবা পোলাডারে স্কুলে না পড়াইবার পারার। রিক্সাচালক মামাকে সান্ত্বনা দেওয়ার মতো কিছুই বলার কিছু না।

আমি আমার প্রশ্নের উত্তরের আশায় আবার সামনের দিকে অগ্রসর হলাম, অনেক লোকদের ভিরে চোখ পড়লো একজন পরিপাটি ভদ্র মহিলার উপর, বেশ গোছানো দেখতে। আমি এগিয়ে গিয়ে আন্টিকে বললাম, আন্টি একটু কথা বলা যাবে? সে হেসে বললো, হ্যাঁ বলো, আমি তাকে আমার কমন প্রশ্নটি করলাম, আন্টি জীবন আপনার কাছে কি? সে বললো আমি একজন গৃহিণী, আমার কাছে জীবন মানে আমার সংসার, আমার ছেলে দুটো, আর তাদের বাবার পছন্দসই নিজেকে তৈরি করা। আরও বললো, মাঝে মাঝে খুব মনে হয়, আমি একটা বন্দি পাখি, জীবনটা বড্ড একঘেয়ে আর নিয়মে পরিপাটি। বলেই আন্টি বললো, আমার ছোট বাবুটার স্কুল ছুটির সময় হয়ে আসছে, আমি আসছি কেমন? বলে আন্টি চলে গেলেন।

আমি আবার এগিয়ে চললাম জীবন আসলে কি তার সন্ধ্যানে, দেখা পেলাম লম্বা চওড়া এক দাদুর, তাকে ঘিরেও আমি এই একই প্রশ্ন করলাম। দাদুর সহধর্মিণীর নাম সরলা, সে দুই বছর আগে গত হয়েছেন। দাদু বললো জানো দিদিভাই, সরলা থাকতে জীবনটা এতো কঠিন লাগতো না, সরলা চলে যাওয়ায় বড় একা হয়ে পরেছি। ছেলে বউরা থাকে দূরে, বাড়িতে কাজের লোক আছে বৈকি, কিন্তু তাদের সাথে গল্প ঠিক জমে না। জানো দিদিভাই আজ জীবন বড্ড রসকষহীন, বলে দাদুও একরাশ কষ্টের অনুভূতি নিয়ে চলে গেলেন।

আমি বসে পড়লাম, ঠিক তখনই একযুগল প্রেমিক প্রেমিকা আমার দিকে তাকিয়ে বললো, দিদিভাই আমাদের কাছে জানতে চাইবেন না, জীবন আসলে কি? আমি হটচকিয়ে উঠে বললাম, হ্যাঁ অব্যশই, বলো তোমাদের কাছে জীবন আসলে কি? প্রেমিক ছেলেটি বললো, আমার কাছে জীবন মানেই পাওয়া না পাওয়ার সমীকরণ। পরিবার, পরিজন, প্রেমিকা সব কিছু বাঁচিয়ে রাখার লড়াই । পরক্ষণে প্রেমিকা মেয়েটি বললো, আমার কাছে জীবন মানে, আমার সম্মান, আমার প্রেমিকের সাফল্য, আর আমাদের মিললে দুই পরিবারের সম্মতি।

অনেক তো ঘুরলাম ঘুরে ঘুরে জীবন কি শোনার প্রয়াস করলাম, সন্ধ্যে হয়ে আসছে, সূর্য্যটা আর দেখা যাচ্ছে না। জীবনটাও সূর্য্যের মতন। সকাল, দুপুর, সন্ধ্যে রাত,

একএক সময় তার গতি, উঠা অস্ত যাওয়া একএক রকম। ঠিক যেনো ফিজিক্স এর আপেক্ষিকতা। প্রেমিকার হাতে হাত থাকলে সাড়াটা দিনকে কয়েক মূহুর্ত মনে হয়। আবার, সঙ্গীহীন বৃদ্ধ হলে এক মূহুর্তকে এক বছর মনে হয়। জীবনের সংজ্ঞা সত্যিই সংজ্ঞাহীন। একজনের জীবনের সাথে অন্যজনের সংজ্ঞা কখনই মিলবার না, ভিন্নতা থাকবেনই। সর্বোপরি জীবন যেমন কঠিন তেমনি সুন্দর। যেমন তেতো, তেমনি মিষ্টি । জীবনের খারাপ সময়কে মানিয়ে নিতে আর ভালো সময়কে উপভোগ করার মাঝেই জীবনের সার্থকতা।

মা

নার্গিস পারভীন লিলি

মা যে প্রথম শিক্ষক সেরা বন্ধুজন

জানিও সন্তানে মায়ের পদতলে বেহেস্ত।

করিওনা হেলাফেলা বলিও না কটুকথা,

করিও নিজের থেকে বেশি মাকে যতন

ত্রিভুবনে তবেই তুমি হবে শ্রেষ্ঠ একজন।

মায়ের দোয়া থাকলে সন্তানের সাথে

চড়াই উৎরাই পেরিয়ে পৌঁছিবে স্বর্গদ্বারে,

মায়ের মতো আপন নেই কেহ এ ভুবনে।

গর্জনে

চির দীপ দে

আসলে'তে আমরা সবাই নকল

দিনে ও রাতে আসল সেজে থাকি..

তুমি ভাবছো মিথ্যে এ'সব কথা

আসলে তা তোমার চোখের ফাঁকি ।

আর্শি দেখায় সব বাড়িয়ে রোজ

সব'টা তে তার ভীষণ বাড়াবাড়ি..

সেই যে যখন কৈশোরে পা দিলে

তখন থেকে'ই আ স ল ছাড়াছাড়ি ।

নকল দিয়ে'ই আসল মাফিক বাঁচা

রাংতা মোড়া মিথ্যে সোনার ছল..

মিথ্যে গুলো সাজিয়ে রাখা তাকে

আসল সাজে মিথ্যে অ ন র্গ ল ।

নকল এখন রাজার রাজা সাজে

আসল'রা সব পথের ভ ব ঘু রে..

আসল যখন একলা বসে কাঁদে

নকল তখন.. আলোক মঞ্চ জুড়ে ।

এমনি করেই কাটছে সবার দিন

হয়তো এ'সব ধ্বংসের'ই ঈঙ্গিত..

নকল ভীড়ে খুঁজছি আসল মুখ

হীরক রাজার ঐ.."উদয়ণ পন্ডিত"

খুঁজছি তাকে'ও ছোট্ট'টি সে'ই শিশু

গর্জে ছিলো "রাজার পোশাক কই"?

একদিন ঠিক মিলবো সে গর্জনে

আকাশ চিরে আসলকে ফেরাবো'ই ।।

বড় মানুষ

বোরহান উদ্দিন বিপ্লব

উচ্চতায় নয়

নয় পদ পদবীর মত,

সম্পদে নয়

নয় প্রাসাদোপম অট্টালিকার সমতায়,

পেশির সামর্থ্যে নয়

নয় কূট কৌশলের ধূর্ততায়,

সবই মিশে যায় ধূলিকণায়

জলে জঙ্গলে পাহাড়ে

বা ক্ষুদ্র কীটের ভাগারে

অসীম সময়ের পথচলায়।

রাজা প্রজা প্রজাকুলের ভিখারী পর্যন্ত

সে বড়, যে হৃদয়ে মহান কর্মে সুমহান

বিধাতা মাপেন শুধু হৃদয় আর কর্ম

বাকী সবই তুচ্ছ তার সৃষ্টির সীমানায়।

পৃথিবী ঘোরে তার কক্ষপথে

সূর্য ঘোরে ছায়াপথ ঘিরে

ছায়াপথ ঘোরে বিশাল ব্যাপ্তিতে

মানুষ ঘোরে কোন পথে?

তাদের কেউ ভাঙেনা কঠিন শৃঙ্খল

পরিণামের কথা ভেবে

গণিত শেখেনা তারা

মানে কঠিনতর ভাবে,

মানুষ শেখে সবই

জানে তারও বেশি কিছু

কেবল মানেনা সবটুকু

নিত্য বেড়িয়ে পড়ে তার কক্ষপথ হতে

কত দম্ভ তার ক্ষুদ্র মশকসম জীবনে

পথচ্যুত উল্কার মত ভস্ম হবার পর

নিভে সেই অস্থির দম্ভের স্ফুলিঙ্গ শিখা

ফিরে পায় সম্ভূতি

শুধরাতে যখন সব পথ হয়ে যায় রুদ্ধ।

মানুষ সে বড়

যে হৃদয়ে মহান কর্মে সুমহান

ভিখারী বা সম্রাট

একবিন্দু মূল্য নেই যে পরিচয় বিধাতার দরবারে

মেপে নেন তিনি শুধু হৃদয় আর কর্ম

আলোকিত করে যা নশ্বর পৃথিবী হতে

বিশ্বলোকের প্রতিটি প্রান্তর পর্যন্ত।

ধূলোয় মিশে যায় সব একদিন

মিশে যায়না সে মানুষের আলোর মঞ্জরী

সময়ের অসীম পথচলায়

বিধাতার শুভ ভালোবাসায়।

প্রতীক্ষা মুক্তির

অশেষ-কামাল

অস্তিত্বের মলাট খুলেছে আজ

চারদিকে শুধু স্লোগান আর স্লোগান।

মঠ-মন্দির,গীর্জা-মসজিদ

আলেম-বাউল,পন্ডিত মহাসয়

সবই আজ বোদ্ধা বনের চিতা সমেত ।

আমি আমরা আম জনতা-

কেবল প্রভুদের ইশারায় চলি ।

বিস্তির্ণ দেহটায় যখন চীর ধরবে-

আমি মৃত্যুঞ্জয়ী হতে চাইব এ নিখিল বিশ্বে ।

কিন্তু ক্লান্তি মুক্তি দিবেনা -

আমরণ কালও । তবুও-

হিসেবের খাতা ছেপে যাবে বিরামহীন প্রেসে ।

রাত-বিরাতে, ঘুমে -নির্ঘুমে-

আবহমান কাল ধরে ।

খোলা কাছায় কানমলা

সৌমেন্দ্র দত্ত ভৌমিক

কাছাখোলা স্বভাবের চালচলনে যার পর নাই

কপালে বদনামের ছয়লাপে ভরা কোটাল।

তবে কেন আত্মসম্মানের দিকে নজরের অভাব?

কেনই বা সমাজে সুনামের সুসময়ের এত আকাল?

আসলে গা-ছাড়া মনোভাব নিয়ে টালবাহানা,

অত-শত ভাবনাচিন্তা আদতে নেই যার-

ভালবাসে সে রয়েসয়ে দূষিত বায়ুর আনাগোণা।

এতে কাছের পাশের মানুষের লজ্জায় নতমস্তকে

দুর্ভাবনার কালো মেঘের কথা অনুভবেই আসে না!

অস্বস্তির পাখনা-বিস্তারে হেথা-হোথা ধূলি ওড়ে,

পঞ্চইন্দ্রিয় সেসব বুঝতে ব্যর্থ নিরর্থক চলনে।

ভোগান্তি পাশে এসে ভালো মনে পিঁড়ি পেতে বসে,

তবুও ফেরে না মন সঠিক পথের অনুসন্ধানে।

কাছাখোলা স্বভাবের আছোলা বিশ্বে অশান্তিই যেন

শান্তির প্রতিভূ হয়ে প্রতিভাত নিজস্বতার ধরণে।

বোঝালেও অবুঝ অশুভ এক শক্তি কঠিন বেষ্টনে

বেঁধে রাখে তাকে অসময়ের অসুখে অনিমেষে।

এবার কাছাটা হোক্‌ আরো আরো পরিপাটী অনিন্দিত

সদাহাস্যময় বদনে শুভ্রতায় সংযত মননের করমর্দনে।

জননী জন্মভূমি

ফটিক ঘোষ

ভুবন সেরা দেশটি আমার

সবুজ শ্যামল ক্ষেত্র খামার

আমার জন্মভূমি,

জীবন আমার ---ধন্য হলো

দুঃখ জ্বালা -----দূরে গেলো

তাইতো চরণ চুমি।

পাখপাখালি গাছগাছালি

ফুলে ফলে সাজায় ডালি

বনবনানী ঘেরা,

শস্য শ্যামল --দেশের মাটি

মণি মুক্তোর ----চেয়ে খাঁটি

সকল দেশের সেরা।

পাহাড় ঝর্ণা -----সাগর নদী

দেখতে পাবে ----এসো যদি

শুষ্ক মরুভূমি,

ধনে ধান্যে--- ---কুসুম ভরা

খুঁজতে চাই না-- অন্য ধরা

অপরূপ মা তুমি।

তোমার স্নিগ্ধ শীতল ছায়ায়

আদর সোহাগ স্নেহ মায়ায়

বড়ো হলাম আমি,

তোমার আঁচল স্নেহের খনি

মাগো তুমি --------নয়ন মণি

রক্তের চেয়ে দামী।

মাগো তোমার ----চরণ তলে

স্থান যেনো পাই ----পুত্র বলে

এই মিনতি করি,

জন্ম যখন --তোমার কোলে

যাই না যেনো -----কভু ভুলে

তোমার কোলেই মরি।

জলছবিতে নষ্ট সবই

রতন কুমার গাইন

বর্ষা মূখর দিনরাত্রি

ঝরছে অঝোর ধারায় ,

ভিজে নেয়ে একশা হয়ে

আপন শরীর হারায় ।

কেউ হয়েছে জবুথবু

কেউবা হাঁটু জলে ,

কেউ চলেছে পেটের দায়ে

নিজ কর্মস্থলে ।

ঝিমিয়ে আছে লতাপাতা

ভীষণ রোগে ভুগে ,

এমনি ধারার ক্ষতির বহর

চলছে যুগে যুগে ।

পশুপাখির কষ্ট ভীষণ

হারিয়েছে আশ্রয় ,

খাওয়ার চিন্তা আর এক জ্বালা

জাগায় মনে ভয় ।

নষ্ট হলো ক্ষেতের ফসল

চললো ভেসে মাছ ,

রঙ হারালো ঘরবাড়ী সব

জরাজীর্ণ গাছ ।

করবো কত হিসাব-নিকাশ !

দেখাবো কত ছবি !!

বাড়ছে বহর ক্ষয়ক্ষতিরই

ভাবছে ভাবুক কবি ।

আমার আমি

মৌসুমী মুখার্জী

আবর্তের পথে ঘুরতে ঘুরতে একদিন ,

জীবনের সময় থমকে দাঁড়ায় জীবনের চৌকাঠে,

অঘোষিত সেই দিনের কথা কি জানে কেউ?

শেখায় না কোনো মঠে।

আমিও চলছিলাম সীমারেখা ধরে

মধুময় শৈশব ফেলে এলাম দোরে।

গোত্র বদলের সাথে সাথে সে অন্য এক জীবন,,

স্নেহ ,মায়া, মমতায় , শ্রদ্ধায় ,কর্তব্য টানটান।

তারপর গতি তার   দুর্নিবার ,,চলন্ত জীবন

হটাৎ এক ধাক্কায় স্বপ্ন সব চুর মার খানখান,

সাদা কাপড়ের আড়ালে জীবন ম্রিয়মান।

স্বপ্নিল জীবন এক ধাক্কায় শ্মশানের শুনশান।

থমকে গেলো জীবন, উঠলো মরুভূমির ঝড়,,

তোলপাড় এলোমেলো সাজানো সংসার।

মুখ থুবড়ে গেলো জীবন অসহিষ্ণু ঘরের কোণ,

নীরবে ,নিরাপরাধে সাজা ভোগ অচিন্তন।

জীবন থমকে গেলো, কিন্তু সে তো গতিময়,

অস্থিরতার মাঝেই ছন্দহীন জীবন,, আর এক ছন্দে বয়।

আত্মজাদের সাথে আবার শুরু নতুন পথ চলা,

বন্ধুরা এগিয়ে এলো হাতে অকৃত্রিম ভালোবাসার ডালা।

আরো আছে নেপথ্যে সাহস যোগায়,, থামিস না এগিয়ে
যা ,,,

চরৈবেতি,,, এগিয়ে এসো ,, হোক সামনে অসমতল রাহা।

আজ তাই এগোচ্ছি , সামনের দিকে ,

অতীত ও আছে সাথে সাহস জোগাতে মোহনার দিকে।

চাওয়া পাওয়ার অবসানে এটুকুই চাই,

চৈতন্য ,বিবেক যেনো কভু না হারাই।

চলার পথ অমসৃণ যতই হোক না কেনো,

মন সাদা হয়ে সর্বদাই আমার সাথে থাকে যেনো।

আজ কবিতা

চন্দন পাত্র

কবিতা'-রা জোনাকির ডানায় ঘর বেধে ছিল,

শাশ্বত রসদে, স্বপ্নময় আলোছায়া মেখে।

বনে মনে ঘুমে জাগরনে,

পাতার কুটিরে পাতা'ই ছিল বাস্তু সুখ।

উদ্বাস্তু এনে দেয়, ভাঙ্গা আরশির কানা প্রতিচ্ছবি।

বর্ণ রাও ভয়-গন্ধে দিশেহারা, অন্ধ প্রলোভনে;

অক্ষরের আর্তনাদ স্বজনহারা, শেষ চোখাচোখি।

জড়ানো শেকল শুষে নেয় শব্দ কথার চির আত্মীয়তা,

ছন্দ'রসের সঙ্গম অহরহ, ক্ষণ হয় না বীরাঙ্গনা সুর।

স্থায়ী-অন্তরা'রা, চষছে আপোষ; গোধূলি সন্ধ্যা রাগে,

পূর্বরাগ ভাগ হতে হতে অনুরাগের শেষ ভাগ শেষে

অহংকার মরাল মরালী আনে, দেহ সুখ মাংস মন্থনে।

আসে না জলকেলি, সৃষ্টির নবরস রাশি।

মেঘ রাও খোঁজে না,হারিয়ে যাওয়ার খোঁজ,

 আসক্তির জলবিন্দু হয়ে হারিয়ে ফেলে পথ।

নতুন পথ চলায়, হারিয়ে যায় পুরানো পথকথা'রা।

রাত জেগে জেগে

আনন্দ রায়

অনেক রাত জেগে জেগে

 শুধু তোমারই কথা ভাবছি,

সাথে জেগে আছে নিঘুর্ম দুটি চোখ -

আর চেয়েছে শুধু তোমাকেই দেখতে অপলক

আচ্ছা বলোত! কেন এমন হয়?

সারাক্ষণ জাগে মনে

তোমায় হারানোর ভয়।

তুমি কি মরীচিকা? নাহ! এমন তো নয়!

তবু কেন জাগে মনে এত বেশি ভয়।

তুমি মায়াবী জানি-

আর আমি সেই মায়ার বাঁধন।

সেজন্যই হয়তো দু-জনাকে

 এত ভালোবাসি দুজন।

হারাবোনা তোমায় একথা জানি

ভয় হয় তারপরও!

হয়তোবা তুমি ভাবছো

এ শুধুই পাগলামী-

না গো- এ সত্যি কথা!

জানে ঐ অন্তর্যামী।

তোমার কথা ভেবে ভেবে

কেটে যায় সারা রাত

তবুও ভাবি কখনই যেন

হয়নাকো প্রভাত।।

কবিতা-ভোরের পাখি

সঞ্জীব চক্রবর্তী

আজ কে ঘুম ভাঙলো ঐ ভোরের পাখি

মিষ্টি সুরে কানে কানে বলছে মেল আঁখি।

এসেছে শরৎ আকাশ দেখ সেজেছে সাজ

পূজোর গন্ধে কাশবনে বাতাস খেলছে আজ।

ঘুম ভাঙানো পাখি,বল এখন কোথায় যাব

কোন বাগানে জুঁই, শেফালি, কামিনী পাব

শিমুল পলাশ নেই এখন চলে গেছে ফাল্গুন

চোখ জুড়িয়ে দিল ওরা বনে রঙের আগুন।

ঢাকের শব্দ আসছে কানে, বুঝেঝি তার মানে

আগমনীর গান হলো শুরু হিল্লোল তুলে প্রাণে।

ভোরের পাখি যদি সঙ্গী করে আজ,যাব চলে

ঘরের লোক খুঁজবে মোরে,যাইনি আমি বলে।

একটা নতুন জীবন দেখি চোখে উড়ো চিঠি আসে

রাতের আকাশ ডেকে পাঠালো আমায় ভালোবেসে

রাতের আকাশ বলবে কথা,এমন তো ভাবিনি

কেন দিল উড়ো চিঠি ! স্বপ্ন চোখে আমি রাখিনি ।

রাতের আকাশ বলে আমার আলো দেখ

কবি নহো তুমি তবু বলি মানুষের কথা লেখ।

ভোরের আলো পাঠায় খবর কতজন পড়ে

দেহের উপর দেহ চাপা কোন মানবতা গড়ে?

লেখা হল না

বন মালী নন্দী

লিখতে পারছি না

তা দিয়ে বসে আছে কথার

 হাস মুরগি

লিখতে চায় নিঃশাস

শ্যামের বা শি

কথার কাজল

উড়ে যাচ্ছে আকাশ বহুদূর

লিখোঁজ ঠিকানায় চোখ

চাটছে

বরফ আগুন

চাঁদের আঙ্কু

নির্জন পথের হাততালি

কথা সকলের থাকে

যার আয়োজনে পাখির নদী কথা

সমুদ্র সৈকত

দুঃখের পাহাড়

আকাশ সিলেটে আঁকা চুপ কলম

আয়ুর সেতু পার হলেই

পড়ে থাকে কোলাহল

ও রাবার

একদিন শেষহবে পাখিমৃত্যু

আর

সমুদ্র সাঁতার

শরতের লুকোচুরি

দেবাশিস বসু

পদ্ম, তুমি ফুটবে কবে?

কবেই বা আকাশে শিমূল তুলো উড়ে উড়ে যাবে?

নীল দিগন্তে হাসি খুশী কাশেদের দল..

তরঙ্গের লহরীতে তুলোময় গায়ে গায়ে ঢল..

চামর দোলায় বনের পথে লুটিয়ে পড়া আঁচলে..

সাদা বলাকারা উড়ে আসে ঝাঁক বেঁধে দলে দলে..

উড়ে আসে পরিযায়ী সুখ..

কান্না হাসির মাঝেই প   ্যাণ্ডোরার আশাভরা বুক..

ফিরে যাই আদিম জীবনের সেই রোগশোকহীন সুখের মাঝে..

হায় এপিমেথিউস,

প্রমিথিউসের কথা না শুনে জিউসের উপহার নেওয়া কি সাজে?

মে ঘ, তুমি একটু শিশির দাও- শিউলি ফুটবে..

হাঁসেরা আলতা পায়ে ভেসে বেড়াবে কালোচুল দীঘির বুকে..

মেঘেদের হৃদয়ে এখনো জমে আছে

দু' এক ফোঁটা চোখের জল..

পুকুর দীঘির টোলপড়া গালে ভরা প্রেম অবিরল..

দু ' চোখ ভরা সাদা বাষ্প দূষণমুক্ত পৃথিবীতে..

কখনো হাসে কখনো কাঁদে- লুকোচুরি রোদের সাথে..

মেঘ, তোমার কৃষ্ণচোখে এসেছে ধবল ধারা..

উড়ে গেছে ছেঁড়া পত্র কৈলাসে বার্তাভরা..

যোগীরা আসেন- পূর্বপুরুষ মহালয়ার প্রতীক্ষায়..

মাছেরা ভেসে ওঠে হলুদে ডোবা সাঁঝবেলায়..

জোনাকিরা পিয়ন সাজে রাতের অন্ধকারে..

আগমনী নহবতের সুরে

আয়নায় দেখেছে মুখ পেঁজা পেঁজা তুলোর বাসরে..

পৃথিবীর সব কান্না এখন বোতলে ভরা দৈত্য..

মেঘের সাথেই ডানা মেলে উড়ে যায় বিষাদের শৈত্য..

আকাশ বাতাস মুখরিত আগমনীর কলি..

শিউলিতে মিশেছে শিশির- শিশিরে শিউলি..

মুদ্রাস্ফীতি বেকারত্ব অতিমারী ভুলে

এইটুকু সময় ভরে থাকুক আনন্দের ডালি..

আমি সেই বাবা

পবিত্র প্রসাদ গুহ

আমি সেই বাবা -

যে সংসারের ঘাত প্রতিঘাতে বিদ্ধস্ত হয়েও

পরিবারের কথা ভুলি না,

পেট চালাবার তরে বাদুড় ঝোলা হয়েও দৈনিক ছুটে যাই কর্মস্থলে,

রোদ ঝড় বৃষ্টি পারে না কাবু করতে,

কারন? আমাকে যে উপার্জন করতেই হবে,

পরিবার যে আমার উপরই নির্ভরশীল।

আমি সেই বাবা -

যে নিজে অভুক্ত থেকেও সন্তানের জন্য সর্বস্ব করে চলি,

নিজের শেষ রক্ত বিন্দু টুকু বিলিয়ে দিতেও দ্বিধা করি না,

কষ্টের আঁচড় পড়তে দিতে চাই না সন্তানের দেহে,

সাধ্যের বাইরে গিয়েও চেষ্টা করি সন্তানকে একটু বড়,
উন্নত আধুনিক স্কুলে পড়াতে

সন্তানের উন্নতিতেই আনন্দাশ্রু নিয়ে বেঁচে থাকি ।

আমি সেই বাবা -

যে নিজের কষ্ট গোপন করে হাসতে হাসতে পরিবারের মুখে হাসি ফোটাতে পারি,

তাতেই আমার সুখ, পরিতৃপ্ততা।

আমি সেই বাবা -

যে বেকারত্বের চরম জ্বালায় জর্জরিত হয়েও

সন্তানের উজ্জ্বল ভবিষ্যতের জন্য লড়ে যাই প্রতিনিয়ত,

ফাঁকা মানি ব্যাগ কড়া নাড়ে পাছে,

তবুও স্বল্প উপার্জন স্বত্বেও সন্তানের জন্য দিনের শেষে পছন্দের খেলনা বা লজেন্স আনতে ভুলে যাই না,

নিজে ছেঁড়া পোশাক বা সেলাই করা জুতো পড়েও সন্তানকে দিতে পারি সাধ্যাতীত ব্র্যান্ডেড পরিধানটি।

আমি সেই বাবা -

যে নিজত্বের বিসর্জন দিয়ে সন্তানের সাফল্যের মধ্যে খুঁজে পাই নিজের সাফল্য,

নিজের না পারা কাজের বা শখের সার্থকতার স্বাদ পেতে চাই সন্তানের সাফল্যের মধ্যে।

আমি সেই বাবা -

যে দিন মজুরের কাজ করেও দিনের শেষে হাসিমুখে বাড়ি ফিরি, আর, সন্তানের সাথে বসে গল্প করি - রাজা রানীর, মনি মানিক্যের, কত কী !

কী করে পারি ?

চোখের জলে গাল ভিজে যায়, চোয়াল হয় শক্ত , তবুও অর্থের সাম্রাজ্যের গল্প বলি অবলীলায়।

পাছে সন্তান মনে কষ্টের আঁচ না লাগে,

বুঝতে দিতে চাই না আর্থিক অনটনের জ্বালা,

তাইতো অতিশয্যের গল্প বলা।

আমি সেই বাবা!

বয়স

নাজমুল ইসলাম রাজু

যাচ্ছে দিন যাচ্ছে সময়, বাড়ছে আমার বয়স-

হারিয়ে যাচ্ছে সে ভারেতে- সৎ যতো মোর সাহস।

সিগারেট টানে ছেলেরা আজি, আমার চোখের সামনে

তরুণ-তরুণী হাত ধরা ধরি- আমাকে তারা নাহি গোনে।

গলির কোণে তাস খেলা দল, চলছে নিতি আরো বেড়ে

করবো বারণ পাইনা সাহস, কি জানি তারা আসে তেড়ে!

রিক্সা ওয়ালা ও ভাড়া চায় বেশি, দিয়ে আমাকে চোখে ফাঁকি

অন্ধ হয়ে গেছি যেন আজ, খোলা থাকতে ও মোর আঁখি!

বয়স কাল গেছে তো আমার, বহুদিন আগে সেই যে চলে

পূর্বে উঠা সূর্য গেছে- পশ্চিমেতে আজকে ঢলে।

আমি না হয় আজি বয়সের ভারে, হারিয়েছি মোর বুকের বল

তারা কোথায় ? কোন মোহ ঘোরে ? যাদের এখন বয়স কাল !

তাদের চোখ কি মনের সাথে, হয়ে গেছে মিলে চির অন্ধ ?

কেন দেখনা এত অনাচার ? সমাজের কালো থাবা দ্বন্দ্ব !

এখনো যদি থাকে তারা চুপ, গোল্লায়ে যাবে সত্যি দেশ

ছোট ছেলেমেয়ে তরুণ যুবা- জাতি ধর্ম হবেতো শেষ ।

আমাদের কালে এসব কভু, দেখিনি তো-রে চক্ষু মেলে

তোমরা কেন তাহার থেকে- শিক্ষা নাহি শিখে নিলে ?

হলে বাবা মা নাম মাত্র, ধর্ম শিক্ষা কিছু তো নাই-

ছেলেমেয়ে আর সমাজ মাঝে- এমনি চিত্র দেখছি তাই ।

শিঘ্রই তাই ধর্ম মাঝে, নিজেদের কে আনো খুঁজে

আল্লাহ্ রাসূল পরকাল ভয়- বোঝাও ছেলে মেয়ের মাঝে ।

তবেই দেখবে চারিদিকেতে, চিত্র আবার হবে বদল

না হলে এই জাতি সমাজ তো, তলিয়ে যাবে অথৈ অতল ।

একটি চারা গাছ

সুপর্ণা বসু দে

ভোরের আলোর মতো ভালোবাসা

মুঠোয় ভরে ছড়িয়ে দিলে অবহেলায়?

 কাঁদলাম বসে মাটির পরে ।

কখন যেন ভালোবাসা

বীজের মতন শক্ত হলো

অসংখ্য হয়ে ছড়িয়ে গেলো।

 তোমার চারিপাশ।

যখন খুব বিষ্টি হলো

কারা যেন ভালোবেসে

আপন করে যত্ন নিলে।

নতুন করে জন্ম হলো

একটা চারা গাছ।

নতুন করে বিষ্টি হলে

হবে অনেক চারা গাছ।

সবুজ হবে তোমার চারি পাশ

তখন তুমি ভালোবেসে বুলিয়ে দিও হাত।

প্রকৃতি সেজে উঠেছে

নমিতা আচার্য্য

শরতের পরশে হৃদয়ে লাগে দোলা

স্নিগ্ধ শীতল দেহ, খুঁজে পায় আশার প্রদীপ ;

সেই নূতনের আলিঙ্গনের ছোঁয়া

তরু দলের আনন্দে আত্মহারা জীবণ।

ব্যঙ গুলি ছন্দে ছন্দ মিলিয়ে বিচরণ,

সরীসৃপদের লক্ষ্যহীন ছোটাছুটি

নদী অবিরাম গন্তব্যে পৌঁছে যাওয়া;

হাঁসগুলো পুকুরে সারাদিন সন্তরণ।

ভরা কলমীর দলে ভ্রমরের গুঞ্জন,

মাছের প্রাণপণ চেষ্টা বংশ বিস্তারের।

ধানের ভরা মাঠ, জলে ভাসা ঘাট

নূতনের গন্ধ চারিদিক ছেয়ে।

শিউলি বন সেজে পূজার আনন্দে!

চারিদিক ভরে তুলেছে পূজার গন্ধে।

কাশবনে ঝুমুর নাচের ছন্দ ছড়িয়ে পরে,

আগমনীর বার্তা শোনা যায় ঢাকের তালে।

সন্ধ্যা

মৃন্ময় ভান্ডারী

আবার একটা খুবলানো সন্ধ্যা,

পাঁচজন ভাগীদার,

কারো আতর, কারো আহত স্বপ্ন, কারোর যন্ত্রণার বৈতরণী
পার।

কেউ শুকনো গোলাপ ঘষে নেয় অপূর্ণ অভিপ্রায় জুড়ে।

তবুও এটাই স্রোতের সাথে মিশে মানবিক জীবদ্দশায়।

সজ্ঞানে বা অজ্ঞানে ডেডবডির ডেডলাইন পেরিয়ে গেলে

শুধুই দ্রবীভূত ইতিহাস।

খোঁজ করতে গেলে,

মুড়ির ঠোঙাতে হাত ঢুকিয়ে বার করতে হয়।

চিবুকের গোড়া থেকে ছিঁড়ে গেছে।

সাদাকালো অট্টহাসি হাসছে আর হাসছে।

বোকার মতো হাসছে!

এক যে এক ঈশ্বর

রমা তরফদার মাইতি

এক যে ছিলেন ঈশ্বর এক

বিদ্যার সাগর--

লক্ষ্য স্কুল কলেজ প্রতিষ্ঠা,

লেখেন পুস্তক পাঠ্যর।

এক যে ছিলেন ঈশ্বর এক

জ্ঞানের সাগর --

করলেন অজ্ঞতার অন্ধকার দূর

স্ত্রীশিক্ষার বিস্তার।

একযে ছিলেন ঈশ্বর এক

মানবতার সাগর--

বলেন, বালিকারা যাবেনা আর

অকালে শ্বশুর ঘর।

এক যে ছিলেন ঈশ্বর এক

প্রগতিশীলতার সাগর--

শাস্ত্র পুঁথি অনেক ঘেঁটে ঘেঁটে

দিলেন বিবাহ বিধববার।

এক যে ছিলেন ঈশ্বর এক

করুণার সাগর --

সাধ্যমতো ওষুধ ,খাদ্য দিয়ে

বাঁচান দুঃখী আতুর।

এক যে ছিলেন ঈশ্বর এক

বিবেকের সাগর --

পড়ান ,যোগান খাদ্য আশ্রয়

যত অনাথ ছাত্রের।

কি ছিলো অপরাধ ?

নাফিজ স্বপন

এতদিন তুমি ছিলে আমার জীবনের

ভাবনার ঐ সুদূর স্বপ্নিল নীল আকাশ,

তোমাকেই ঘিরেই আমার স্বপ্নের রাত।

তোমার ভালোবাসায় অঢেল আত্মবিশ্বাস,

জীবন ছিল প্রাণবন্ত উজ্জল আলোয় ভরা,

আজ তুমি নেই কাছে সরে গেছো বহুদূরে,

জানিনা কি ছিলো আমার এমন অপরাধ?

তুমি এ হৃদয়ের খোলা জানালায় উঁকি দিয়ে হারিয়ে গেলে
সন্তোপণে খাম খেয়ালীতে।।

আমার এহৃদয় শূন্য করে দিলে অকারনে,

জানিনা কেন কোন সে অজানা কারনে?

এমন তো কথা ছিলোনা? কেন এমন হলো?

এমন ভালোবাসা এজীবনে আমি চাইনি।

আমার মনের কথাগুলো তোমাকে ভুলেও

একদন্ড আজও মন খুলেই বলা হয়নি।

অঙ্কুরেই বিনষ্ট হলো তোমার আমার সেই

খনিকের এতো মধুময় ভ্রান্ত ভালোবাসা।।

এইবুক ছেঁয়ে দিলে তুমি আজ হাহাকারে,

শুধুই যেন অকারণে এপ্রেম বিলীন হলো,

 বিরহে এলো এইহৃদয়ে আমার একাকার।

কেউ তো নেই কাছে আর এসব দেখার,

হারিয়ে গেলো আমার যাছিলো হারাবার।

 তোমার প্রেমের ছোঁয়ায় মিথ্যে মায়াজালে

ধরা পড়ে মনটা পুড়ে পুড়েই হলো অঙ্গার।

 আমিতো আজও নিষ্ফল পথ চেয়ে বসে

আছি ওগো প্রিয়া সেই তোমারই প্রতিক্ষায়।।

তুমি কি কাছে আসবে আমায় ভালবাসবে।

জানিনা কি করে তুমি ভুলে গেলে আমায়?

প্রেমের নামে করলে একোন মিথ্যা প্রহসন? তোমার
প্রেমের ছোঁয়ায় বেড়ে উঠা আমার

হৃদয় মিনারটা হয়ত ভেঙ্গে পড়বে মাথায়।
তুমি কেন সরে গেলে দূরে মিথ্যে অজুহাতে?
আমার ভাবনায় তুমি আছো স্বপ্নে চেতনায়।
হয়তোবা মন বলে কোন কিছু নেই তোমার,
তুমি ইটকাঠ পাথর নাকি বলুকার মরুভূমি?

আমি একবুক জ্বালা নিয়ে আজও তোমার
প্রতিক্ষায় প্রহর গুনেছি এতপ্ত অশ্রু জলে।
আমার ভালোবাসা আজ যেন তলিয়ে গেছে
ওইদূর অশান্ত নীল সাগরের অতল গহ্বরে।
সেধে এসেই আবার সেধেই তুমি চলে গেলে,
মাঝখেনে দিয়ে গেলে কিছু দুঃখো উপহার
নিছক মনগড়া কিছু শান্তনা গাঁথা কথামালা
আর পুরানো মরিচা ধরা কিছু বঞ্চিত প্রেম,
আমি তোমার লেখা কবিতার ব্যর্থ নায়ক।
সুখে থেকো তুমি খুব ভালো থেকো প্রিয়া
তুমি এক নদী তুমি স্রোতস্বিণী বয়ে চলো
ভাবাবেগে সারাদিন সারাবেলা নিরবধি।।

সুখে ভরুক তোমার জীবনের নতুন স্বপন।

নাইবা হলে এজীবনে তুমি আমার আপন,

তবুও তো তোমায় আমি ভালোবেসে যাবো।

এই অযাচিত ভালোবাসা নিয়ে রাত জেগে

তুমি কবিতা লিখো হে মহান প্রেমের কবি।

সেই কবিতা পড়তে পড়তেই ঘুমিয়ে যাবো।

ওগো আমার স্বাসত এই প্রেম অমর হোক,

তুমি ছিলে আমার মনোচোর দুদিনের সঙ্গী ,

মিথ্যে স্বপ্ন দেখেই এই জীবন কেটে গেলো,

আমার এআঁধার রাত হলোনা আর ভোর,

আমি আজও সেই আঁধারেই রয়ে গেলাম।।

পথ শিশু

মিয়া মুহাম্মদ শহীদুল্লাহ্

একটি শিশু কাঁদে শুধু

পথের পাশে বসে

অশ্রু ফোঁটা জমা করে

জীবন অংক কষে!!

দিনের পরে দিন কেটে যায়

রাতের পরে রাত

মাথার উপর নাইতো তার

থাকার মতো ছাঁদ!!

ফাস্টফুডের খাবার তার

জোটেনা কপালে

ডাস্টবিনের খাবার খেয়ে

দিন চলে অকালে!!

ময়লা জমা গায়ে দিয়ে তার

কাটে বারোমাস

ধুলোর মাঝে কাটছে জীবন

ধুলোয় বসবাস!!

বিনা দোষে খায় যে শুধু

চর লাথি থাপ্পড়

আদর সোহাগ পাবার মতো

নেই কী অধিকার?

ওরা তো চাইনা সম্মান কিংবা

বিশেষ পরিচয়

কেন সইবে সামাজিক অপমান,

চাই শুধু আশ্রয়!

অলীক আকিঞ্চন

ডঃ গোপাল চন্দ্র মুখার্জী

আমার সে মন কোথায় -

সাগর ,তোমায় পাবো ,

আমার সে তন্ময়তা কোথায় -

তোমার উচ্ছাসে শান্ত থাকবো !

তোমার হৃদয়ের গভীরতা মাপবো -

আমার এমন সাধ্য নেই ,

নেই ক্ষমতা কুড়িয়ে শেষ করার -

তোমার অকৃপণ দানের অথৈ।

আমার সে ক্ষমতা নেই সাগর -

তোমার রত্নের হিসাব রাখার ,

তুমি যে স্বার্থহীন রত্নাকর -

তোমাতেই যে আছে লুকিয়ে চন্দ্র - প্রভাকর !

তোমার উত্তাল তরঙ্গের উদ্দীপনা -

চঞ্চলতা আনে মন - প্রাণে ,

ধ্যান - জ্ঞান সব গেল হারিয়ে -

তোমার ভালোবাসার অসীম টানে !

অস্থির চিত্ত , তোমার ডাকে -

ধরবো তোমায় আমার বক্ষে ,

হায় ! জগবন্ধু তুমি যে বিশাল -

সাধ্য নেই , পাবো তোমায় তুমি যে নীলাচল।

9 789356 100275